Rigoberto Puentes C.

El tesoro está en el oro

El aumento de precio es indetenible

Incluye alternativas para invertir en oro

Título en español: *El tesoro está en el oro*

Copyright © 2017 de Rigoberto Puentes Carreño

E.Mail: rigobertopuentes@pmacolombia.com

Web site: www.pmacolombia.com

ISBN: 978-1543237177

Todos los derechos reservados.

Prohibida la reproducción parcial o total, por cualquier medio, sin autorización expresa del autor.

Editado por: PMA Editores
Dirección editorial: Luz Clemencia Mayorga
Portada: Daniel Gelvis

Contenido

Introducción 13

PARTE I - EL ORO EN EL MUNDO 19

Capítulo 1- *El origen del oro* 21
- Explosión de estrellas 21
- El oro es indestructible 23
- ¿Cuánto oro hay en el mundo? 23
- Reservas probadas en espera de ser explotadas 25
- Minería espacial 26

Capítulo 2 - *El mercado del oro en el mundo* 29
- La oferta de oro en el mundo 29
- Las principales fuentes de suministro de oro 29
- Producción minera 29
- Reciclaje 33
- La demanda de oro en el mundo 34
- Usos industriales 36
- El oro como inversión 37

Capítulo 3 - *De cómo está manipulándose el precio del oro* .. 43

- Dudas sobre inventarios de oro de EE. UU. 46
- Manipulación psicológica 49
- También las entidades privadas juegan con el oro ... 50
- El rol de europeos y japoneses 53
- Dudas sobre los inventarios de oro de China 53

Capítulo 4 - *Equilibrio entre oferta y demanda* 55

PARTE II - TRANSICIÓN HACIA UN NUEVO SISTEMA MONETARIO INTERNACIONAL (SMI) 59

Capítulo 5 - *El SMI es dinámico* 61
- La libra esterlina como moneda dominante 62
- Los acuerdos de Bretton Woods 65
- Nixon elimina el patrón oro 67
- El nacimiento del petrodólar 68
- La muerte anunciada del petrodólar 70

Capítulo 6 - *Las burbujas de la economía global* 74
- Deuda impagable 75
- Corriendo la arruga 76
- El problema es global 80
- Las tasas de interés negativas (NIRP) 82
- ¿Hay alguna forma de evitar el NIRP? 83

Capítulo 7 - *Hacia un nuevo SMI* 85
- EE. UU. pierde poder dentro del FMI 85
- El resto del mundo contra el dólar 86
- Los bancos centrales se preparan para el cambio 88
- El DEG, el más probable reemplazo del dólar 90
- La tecnología *"blockchain"* (cadena de bloques) 90

Capítulo 8 - *China quiere liderar el juego* 92
- Un poco de historia para comenzar 93
- La estrategia china 95
- China está de compras por todo el mundo 95
- China está firmando acuerdos con otros países para eliminar el dólar en sus transacciones comerciales........... 97
- China está acaparando el oro para respaldar el renminbi 98
- China tratará de posicionar el renminbi como la moneda predominante en el FMI 100
- China intentará neutralizar el poder de veto de los EE. UU. en el FMI 101
- Pero... China no las tiene todas consigo 102

Capítulo 9 - *La respuesta de EE. UU. ante el ataque contra el dólar* 105
- Un poco de historia (el Continental) 105
- De cómo el magistral Ben y los demás próceres financiaron la independencia 106

- El nacimiento del dólar 106
- Los Estados Unidos nuevamente se exceden con la imprenta 107
- Los Estados Unidos se exceden con la imprenta… ¡por tercera vez! 109
- Los EE. UU. hacen fuerte el dólar debilitando a la competencia 109
- Otras estrategias de los Estados Unidos 110
- Qué tan probable es que los Estados Unidos apliquen la política de NIRP? 112
- Los Estados Unidos ya tienen un plan de contingencia ante el NIRP 113
- ¿Tendrán los Estados Unidos un plan secreto? 114
- «*Make America Great Again*» 115

Capítulo 10 - *El papel del oro en el nuevo Sistema Monetario Internacional (SMI)* 118
- ¿Qué papel jugará el oro en la transición? 118
- Resumen de los indicadores que nos permiten anticipar el aumento meteórico del precio del oro durante los próximos años 119
- ¿Cómo afectan las tasas negativas (NIRP) el precio del oro? 122
- La voz de los expertos 123

Parte III - CÓMO PARTICIPAR EN LA FIESTA 127

Capítulo 11 - *Pague el derecho de entrada* 129
- Cómo prepararse para sacar el mejor partido 129

Capítulo 12 - *Cómo invertir en oro físico* 133
- Cuidado con el oro falso 136
- Para finalizar este capítulo... una recomendación importante 137

Capítulo 13 - *Cómo invertir en títulos valores basados en oro* 139
- Mercado de opciones y futuros de oro 139
- CFDs (Contratos por diferencia) 141
- ETF (Exchange Traded Funds) 142
- Cómo se gana dinero con ETF 144
- Riesgos de invertir en ETF 145
- La recomendación infaltable 147

Capítulo 14 - *Cómo invertir en compañías mineras de oro* .. 148
- Las principales mineras del mundo 149
- Cómo se gana dinero con ETF del sector minero 156
- Riesgos de invertir en el sector minero 156

Anexo: *CÓMO OPTIMIZAR LOS RESULTADOS DE SU INVERSIÓN EN ORO* 159

- La experticia necesaria 161
- Alternativas de inversión 162
- Algunos escenarios posibles 163
- Alternativas y escenarios 167
- Cuándo entrar al mercado 169
- Nuestros servicio de asesoría "Llave en mano" 170
- La recomendación infalible 173

GLOSARIO DE TÉRMINOS 175

Asesoría para invertir en oro 181

ACERCA DEL AUTOR

Rigoberto Puentes Carreño es ingeniero con especialización en Ciencias Económicas; exejecutivo de la corporación E. I. DuPont de Nemours, exprofesor universitario, conferencista, autor, columnista, y asesor de inversiones (serie 65) con más de 25 años de experiencia en las dos bolsas de valores más grandes del mundo: NYSE y NASDAQ, a través de las cuales puede accederse a una amplia gama de productos financieros tales como acciones, futuros, bonos, fondos mutuales y ETF procedentes de empresas y organizaciones de todo el mundo.

El autor es Planificador Financiero Certificado, graduado en la Florida State University (FSU). Dada su amplia experiencia y conocimientos sobre la materia ha formado parte del comité de nueve expertos que conforman el equipo encargado de estandarizar los conocimientos de la profesión a nivel global, invitado por la FPSB (Financial Planning Standard Board) —la entidad que agrupa las asociaciones de planificadores financieros de todo el mundo—.

EL TESORO ESTÁ EN EL ORO es su cuarto libro sobre el tema de finanzas personales. Otros títulos del autor: *"Finanzas para papá"*, (2006), *"El chip de la prosperidad... el mejor regalo para tus hijos"* (2011) y *"Prepárese... ¡que viene el lobo!"* (2012).

Rigoberto Puentes es especialista en inversiones en títulos valores relacionados con oro, que se cotizan en las bolsas de valores mencionadas anteriormente, y ha desarrollado un sistema de inversión altamente eficiente, mediante el cual pueden lograrse ganancias extraordinarias.

AGRADECIMIENTOS

Un proyecto, un negocio, una obra, o un libro —como en este caso— no son el resultado del esfuerzo de una sola persona.

El autor, obviamente, es quien realiza el trabajo de investigación y manufactura de la obra. Pero el resultado no puede considerarse realizado hasta no pasar por el filtro de copartícipes que de una u otra forma le adicionan valor y hacen que el libro mejore sustancialmente con cada comentario, cada felicitación, cada crítica, cada observación. Todas han sido valiosas y han contribuido con la culminación de esta obra.

Son muchas las personas que colaboraron con este libro:

En primer lugar debo mencionar a mi querido amigo Hernán Godoy por su invaluable ayuda para leer y releer los borradores sin el menor asomo de molestia. Por el contrario, admiro su característico desprendimiento y deseo de colaborar que ha tenido con todas mis obras. Hernán ha sido un excelente crítico de todos los libros que he escrito.

Mi familia, mis hijos... Pablo Andrés, particularmente, que se ha tomado el trabajo de leer e imprimir y reimprimir borrador tras borrador. Mi hija, Luisa Fernanda, que ha sacado tiempo de sus múltiples ocupaciones para discutir y darme ideas sobre el mercadeo. Mis hermanas, Aura Matilde y Miryam, que se han tomado el tiempo y el esfuerzo de leer un tema bastante árido para ellas.

Mis queridos amigos y excompañeros de trabajo en DuPont, Jaime Sierra y Rudolf Correa, cuyos comentarios fueron tan valiosos.

Y el lugar más destacado de esta lista de agradecimientos para la persona que siempre está de primera en mi corazón y en mi vida: para mi preciosa esposa LUZCLE, quien tanto en este libro como en los anteriores ha hecho gala de sus extraordinarios conocimientos de la lengua de Cervantes para hacer el trabajo de corrección ortográfica y de estilo.

Y mi agradecimiento permanente para el Creador, por darme la fortaleza y persistencia para llevar a feliz término esta obra.

Introducción

"En realidad nadie comprende los precios del oro y yo no pretendo entenderlos tampoco".

Ben Bernanke (expresidente de la FED)

Muchos factores inciden sobre el precio del oro y son los que hacen que este suba o baje en un momento dado, pero no siempre funcionan de manera consistente:

Por ejemplo:

- Es bien sabido que cuando el precio del dólar sube el oro baja... ¡pero no siempre es así!
- Cuando la inflación sube, el oro también sube... ¡pero ocasionalmente ocurre lo contrario!
- Cuando los intereses suben, el precio del oro baja... ¡pero también puede subir cuando los primeros suben!
- El oro baja cuando la economía mejora... ¡pero eventualmente sube conjuntamente con la economía!
- El precio del oro baja cuando el reporte de empleo de los Estados Unidos es positivo, pero baja si este es negativo... ¡pero puede ocurrir lo contrario!...si se presentan otros factores.

Como puede verse, el señor Bernanke tiene mucha razón: no hay manera de anticipar los movimientos del oro. Todo lo que se diga son especulaciones y estimaciones, generalmente basadas en los anteriores factores. Sin embargo hay una ley que siempre se cumple o, por lo menos, siempre se ha cumplido: en el largo plazo el oro no se deprecia. Un ejemplo que se encuentra a menudo en diferentes textos para demostrar que el oro conserva su valor nos dice que hace 100 años con una onza de oro podía comprarse un traje de alta calidad en la famosa calle Saville Row, en Londres. Hoy en día, con una onza de oro puede comprarse un traje similar, en el mismo lugar. ¿Podríamos decir lo mismo del dólar, la libra esterlina u otra moneda? El precio del oro es fluctuante pero ascendente: si bien ha pasado por periodos de fuerte caída, siempre ha recuperado su esplendor.

El siguiente gráfico nos muestra los precios del oro de los últimos 20 años (1996 – 2016), durante los cuales ha pasado de los $380 a $1.900 por onza, con periodos de caídas esporádicas; algunas más pronunciadas, como las de 2006, 2008 y 2012.

La caída actual que comenzó a finales de 2012, después de haber alcanzado el pico máximo, ha sido la más prolongada y, de acuerdo con comentarios de algunos especialistas, aún puede durar algunos meses (o años) más, y puede llevar el precio hasta niveles que solamente podrán aguantar aquellos inversionistas que tengan un estómago resistente. Pero la recompensa será grande para quienes sepan esperar.

Para escribir este libro he investigado profundamente el mercado del oro y cada uno de los factores que inciden sobre su precio. Mi objetivo al comenzar este trabajo era el de determinar si realmente justificaba el riesgo de invertir en oro, por cuanto la volatilidad es alta y por lo tanto amenazante.

El extenso análisis llevado a cabo terminó por demostrarme que todos los factores conducen a una conclusión inequívoca: **el aumento del precio del oro a niveles estratosféricos es un hecho.** Un hecho que ya está entre nosotros, pero que aún puede tomar algunos años en hacerse evidente, debido a que la manipulación de los grandes poderes económicos del mundo está tratando de ocultarlo, para mantener el control de la riqueza a través de papel moneda sin respaldo real (moneda fiduciaria o moneda fiat).

Imagine, apreciado lector, que usted puede imprimir billetes en la impresora de su casa y luego sale de compras, y que cada vez que se le agota el dinero, imprime más y más billetes y sigue comprando. Eso es exactamente lo que hacen los gobiernos de todos los países a través de sus bancos centrales: imprimen cantidades ingentes de billetes que distribuyen a través de las redes bancarias para que los ciudadanos intercambien sus bienes y servicios y, por supuesto, paguen los impuestos que van a las arcas del estado para cubrir sus gastos y hacer que el sistema funcione. Cuando se les acaba el dinero simplemente ordenan a su banco central que emita más moneda fiduciaria (papel moneda sin respaldo). El único soporte con el que cuentan para imprimir más y más es la confianza que los ciudadanos tienen en sus instituciones.

Si bien los gobiernos tratan siempre de mantener un equilibrio razonable, para no perder el control y evitar que una excesiva producción de billetes dé al traste con todo el sistema financiero, algunas veces se les va la mano y ocasionan grandes distorsiones económicas causantes de catástrofes financieras que afectan a toda la población. La historia está llena de ejemplos al respecto: Estados Unidos (1783), Alemania (1922), Hungría (1945), Grecia (1941), China (1947), Argentina (1989), Brasil (1989), Perú, Nicaragua, Angola, Zimbabwe, Venezuela, etc., etc.

Hasta el día de hoy esas crisis han sido localizadas y han afectado solamente a los habitantes de los respectivos países. En la actualidad nos encontramos ante un fenómeno similar, pero con dimensiones globales. Me explico: los bancos centrales de las principales monedas de reserva (el dólar, el euro, la libra y el yen) han estado emitiendo dinero fiduciario descontroladamente durante los últimos años. Se trata de montañas de papel moneda que han sacado al mercado sin un soporte real. Solamente basados en el factor "confianza", un activo muy frágil, que puede desmoronarse en cualquier momento.

Cuando he sacado a colación este tema en diferentes conversaciones con personas educadas de diferentes sectores económicos (muchas de ellas relacionadas con el mundo empresarial y financiero) siempre me he encontrado con la sorpresa de que son muy contadas aquellas que saben que las monedas ya no están respaldadas por ningún activo real, como ocurría en el pasado. La mayoría aún tiene la creencia de que el papel moneda sigue estando respaldado por oro guardado en algún lugar secreto de los bancos centrales.

Lo anterior no es de extrañar, puesto que otro tanto ocurre en el mismo corazón del poder, en los Estados Unidos. Cuenta el exsenador y excandidato presidencial Ron Paul que durante una conversación con otros congresistas le sorprendió uno de sus colegas con una pregunta: «¿Acaso el dólar no está respaldado por oro?».

Supongo que la misma situación se presenta en el resto del mundo: todos aceptamos el papel moneda a cambio de nuestros productos y servicios, sin tener conocimiento de la fragilidad sobre la que ha sido fabricado. Todo lo que se requiere para que el sistema se derrumbe es que los usuarios comiencen a perder confianza en el sistema, y eso es lo que ocurrirá cuando los grandes volúmenes de papel moneda terminen por saturar los mercados. Entonces todos volverán la mirada hacia el único activo que desde tiempos inmemoriales ha mantenido su valor real: EL ORO.

PARTE I

EL ORO EN EL MUNDO

Capítulo 1
El origen del oro

- **Explosión de estrellas**

El origen del oro es fascinante; es un metal alienígeno. No existe certeza de cuándo se descubrió el precioso metal en la Tierra, pero, según algunos estudios arqueológicos, se sabe que ya se fabricaban adornos con el mismo hace más de 4.000 años.

De acuerdo con los últimos descubrimientos, se ha llegado a concluir que el oro se generó debido a explosiones masivas de estrellas de neutrones y nos cayó del cielo. Esto ocurrió hace unos 200 millones de años –días más días menos-. El transporte corrió por cuenta de una lluvia de meteoritos que depositó su preciada carga en diferentes puntos de la Tierra, con mayores concentraciones en algunos lugares privilegiados.

-¡El oro en su país es como polvo! -decían los gobernantes vecinos a los faraones, cuando querían adquirir el valioso metal. Y es que parece ser que el oro era tan abundante en el territorio egipcio y estaba tan superficial y tan fácil de encontrar, que bastaba agacharse para recogerlo.

Algunas regiones de América también fueron favorecidas con esa lluvia de oro, particularmente aquellas en donde se establecieron nuestros antepasados mochicas, chimús, nazcas, vicús en incas en Perú; aztecas, en México; chibchas en Colombia y otras culturas aborígenes.

Ellos encontraban el oro en los arroyos y lechos de los ríos y lo recogían usando técnicas simples como el cribado; otras vetas las encontraban incrustadas muy superficialmente en las rocas, lo cual hacía muy fácil su extracción aun con sus rudimentarias herramientas. En Norteamérica, particularmente en California, se comenzó a encontrar oro muy fácilmente en las riberas del río América, lo cual causó la gran fiebre del oro que enriqueció a muchos y fue factor determinante para el desarrollo de esa región. Lo mismo ha ocurrido en otras regiones del mundo: Australia, Sudáfrica, Canadá, China, en donde, al igual que en América, los buscadores de oro han exprimido las fuentes hasta casi agotarlas.

Hoy en día ya quedan muy pocos lugares en donde pueda encontrarse el oro tan fácilmente como en el pasado; lo cual ha llevado a las compañías mineras a tener que buscarlo en lugares cada vez más escondidos, a través de sofisticados y costosos procesos, tanto en la detección como en la extracción. En algunas minas existen túneles de hasta cuatro kilómetros de profundidad y tienen que hacer explotar y mover grandes cantidades de roca para obtener unos gramos; se calcula que para obtener una sola onza de oro deben remover hasta 10 toneladas de roca.

Otros buscadores han dirigido su vista hacia el fondo del mar, tratando de recuperar el mineral que se encuentra sumergido a grandes profundidades, debido al naufragio de algunos barcos que lo transportaban.

Son famosos en nuestra historia los piratas del Caribe que asaltaban las caravanas de barcos españoles.

- **El oro es indestructible**

No sería extraño que ese anillo de matrimonio que luce en su dedo anular, o esa medallita dorada que cuelga de su cuello, hayan sido fabricados con el mismo oro que utilizaron los orfebres del faraón Tutankamón, 1.300 años antes de nuestra era; o con el procedente del rescate con el que Atahualpa, soberano de los incas, intentó liberarse de las manos de Francisco Pizarro; o con el oro del tesoro que Hernán Cortés le arrebató a Moctezuma, rey de los aztecas; o quizás con el de los cascos de los guerreros muiscas, en los tiempos de la conquista... Todo lo anterior es posible debido a que el oro es prácticamente indestructible y ha pasado de generación en generación sin sufrir deterioro.

- **¿Cuánto oro hay en el mundo?**

Dado que el oro no se destruye, prácticamente todo el mineral que se ha extraído en la historia de la humanidad aún existe. Para calcularlo tomamos dos componentes: el material ya explotado y las reservas probadas.

La más reciente información del Word Gold Council (WGC) indica que en toda la historia de la humanidad se han extraído 186.700 toneladas de oro, las cuales aún deben estar en algún lugar de la Tierra, de una forma u otra, por cuanto el oro, ya lo dijimos, es prácticamente indestructible.

El siguiente gráfico muestra la distribución del oro existente por rubro: joyería, inversionistas privados, reservas en los bancos centrales, industria y otros.

Todo el oro del mundo (Tons.)

Categoría	Toneladas (aprox.)
Joyería	90.000
Inversionistas privados	36.000
Bancos centrales	33.000
Industria	23.000
Otros	~2.000

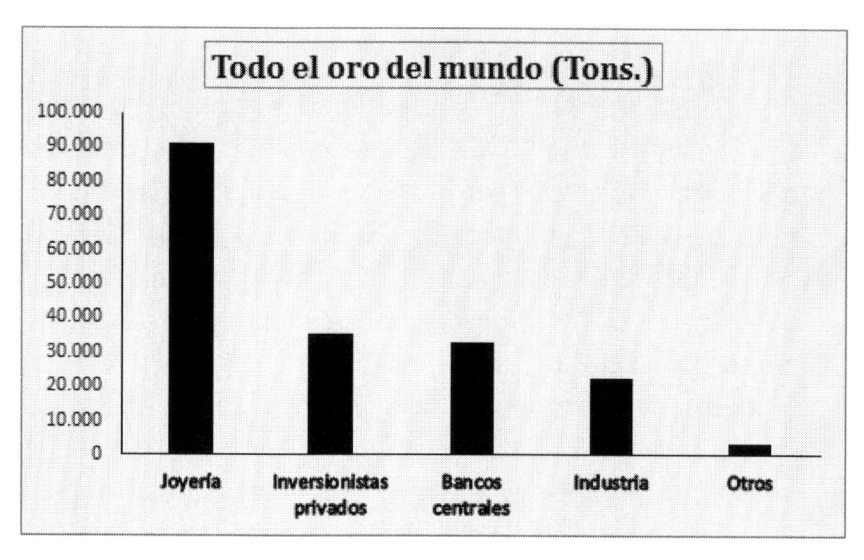

Aproximadamente la mitad del oro existente en el mundo está en joyería, principalmente en India y China. Almacenado en bóvedas y cámaras de alta seguridad, cajas fuertes y otros escondites secretos hay aproximadamente 36.000 toneladas que han sido adquiridas por inversionistas particulares. Por su parte, los bancos centrales poseen 33.000 toneladas que forman parte de las reservas monetarias de varios países. La industria, particularmente la electrónica, está utilizando unas 23.000 toneladas.

También se encuentran unas pocas toneladas en altares y estatuas de oro macizo, por medio de las cuales algunas religiones veneran a sus deidades. Algunas cantidades menores están en el fondo del mar, en lugares de desecho, y otras posiblemente enterradas en pequeñas islas desiertas de mares y océanos, ubicadas en lugares remotos solamente conocidos por piratas legendarios.

- **Reservas probadas en espera de ser explotadas**

Según estimaciones del US Geological Society, en 2012 quedaban unas 51.000 toneladas de reservas probadas de oro sin extraer. Si tomamos en cuenta que entre los años 2013 y 2016 se han extraído unas 12.000 toneladas y que durante ese periodo la prospección ha sido muy baja debido a que los precios no han permitido hacer nuevas inversiones a las mineras, podemos estimar que para comienzos de 2017 solamente quedan unas 45.000 toneladas sin extraer, es decir unos 15 años de producción.

Un término que ha tomado fuerza en la minería es el de «*Pico de Producción*». Se refiere al hecho de que la existencia de reservas de muchos minerales es precaria. El gráfico muestra la situación actual de la producción de oro con relación a los descubrimientos de nuevos depósitos. Es imposible que la producción aumente si los descubrimientos de nuevas vetas no hacen lo mismo.

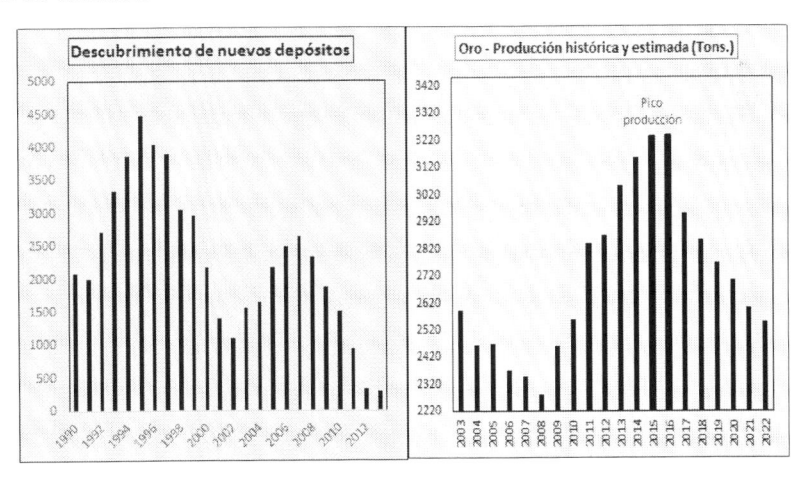

Fuentes: WGC & Golcorp

El tiempo entre el descubrimiento de nuevas vetas y la producción es de 20 años aproximadamente. La producción de 2012 corresponde a los descubrimientos realizados antes de 1992, la producción de 2016 a los previos a 1996 y así sucesivamente. Los descubrimientos actuales nos permiten proyectar la producción de la década de 2030. El oro se hace cada día más escaso, y esa escasez se verá reflejada en el precio. Pero la exploración no se detendrá.

- **Minería espacial**

-¡Ya no es posible encontrar un buen filón de oro en el planeta Tierra! – afirmaba un minero.

Es por ello que están apareciendo nuevos y más sofisticados mineros que están buscando el valioso metal en sus orígenes: en el espacio.

En 2012 se iniciaron varios proyectos para buscar oro en los asteroides. Se esperan resultados para la década de 2020. Por supuesto el costo de explotación también será de características espaciales.

Proyectos de minería espacial

Cuando se descubrió que el oro provenía del espacio exterior, algunos soñadores comentaban sobre la posibilidad de explorar el espacio en busca del precioso mineral, y lo veían como algo irrealizable. Pero esa impresión quedó en el pasado. Hoy en día es una realidad: ya existen empresas que están tratando de usar la tecnología aeroespacial para aprovechar el potencial que ofrece ese nuevo mundo.

Probablemente la más avanzada es *SpaceX (Space Exploration Technologies)*, una compañía creada en 2002 por Elon Musk (creador de *Paypal* y de los automóviles eléctricos Tesla), dedicada a la fabricación de naves espaciales de última tecnología. No se trata de una simple aventura, *SpaceX* ya es un negocio exitoso. Tiene un contrato con la NASA para transportar a los astronautas y material requerido en la Estación Espacial Internacional.

Planetary Resources es otra compañía estadounidense creada por profesionales experimentados en el lanzamiento de robots al espacio. Los ingenieros que trabajan para esta empresa estuvieron envueltos en la construcción de las sondas que han sido enviadas a Marte (*Spirit, Opportunity y Curiosity*); lo cual significa que no son simples aventureros, sino profesionales que saben lo que hacen. Su misión, según lo expresan en su página web, consiste en «*expandir la base de recursos naturales mediante el desarrollo de la tecnología para la minería en los asteroides*». La compañía seguramente no carecerá de recursos económicos puesto que dentro de sus fundadores se encuentran el director de cine y explorador James Cameron, así como el jefe ejecutivo de Google, Larry Page, y su presidente ejecutivo, Eric Schmidt.

Otro reconocido emprendedor que está incursionando en el negocio espacial es Jeff Besos, el creador de Amazon.com.

Como puede verse, la exploración del espacio a nivel comercial ya no es ciencia ficción; es algo que está ocurriendo y que sirve de base para la exploración minera del espacio.

Si bien estas nuevas fuentes de suministro ayudarán a compensar la escasez del preciado mineral en la Tierra, no creemos que vaya a contribuir a reducir los costos de producción, por lo menos inicialmente. Para tener una idea: una próxima misión de la NASA, (OSIRIS-REX), para traer 60 gramos de material —¡y no de oro precisamente!— de un asteroide a la Tierra, costará alrededor de mil millones de dólares.

Capítulo 2
El mercado del oro en el mundo

- **La oferta de oro en el mundo**

Como en todo producto o servicio, lo que determina el precio del oro es la ley de oferta y demanda. Los demás factores: el aumento o reducción de la producción, las tasas de interés, la inflación, el precio del dólar, etc., al final se traducen en la ecuación fundamental: si la demanda es igual a la oferta, los precios se mantendrán estables, pero si la balanza se inclina en uno u otro sentido el precio subirá o bajará, con mayor o menor fuerza, dependiendo de la magnitud del desbalance.

- **Las principales fuentes de suministro de oro**

Existen dos fuentes de suministro para satisfacer la demanda: producción y reciclaje.

OFERTA DE ORO EN EL MUNDO (Tons.)	2014	2015	2016
Producción minera	3.155	3.233	3.236
Oro reciclado	1.191	1.117	1.309
Oferta total (tons.)	**4.346**	**4.350**	**4.544**

Fuente: WGC

- **Producción minera**

El oro ha sido un metal muy atractivo para el ser humano desde que este lo descubrió hace más de 4.000 años.

Desde ese entonces ha estado explorando todo el globo terrestre en su búsqueda. Al principio la explotación era muy fácil por cuanto el rico mineral se encontraba a ras de tierra, pero cada día esta labor se ha hecho más compleja.

El mejor ejemplo de esta complejidad es *Mponeng*, la mina más profunda del mundo; prácticamente, una ciudad subterránea ubicada a 4.200 metros de profundidad, al suroeste de Johannesburgo, en Sudáfrica. La mina cuenta con más de 400 kilómetros de túneles en los que trabajan 5.000 mineros legales y algunos cuantos ilegales que se cuelan mezclados con el personal contratado y que, al no poder entrar y salir libremente, permanecen varios meses dentro de la mina trabajando para las mafias del oro que operan en la zona.

La temperatura a esa profundidad asciende a 65 grados centígrados. Para evitar que esta sea mortal para los trabajadores es necesario estar bombeando permanentemente hielo con sal desde la superficie, el cual es esparcido a través de los túneles con gigantescos ventiladores. Con ello logran bajar la temperatura a niveles soportables de 30 – 35 grados centígrados. La producción de hielo para realizar esta operación asciende a 6.000 toneladas diariamente. El acceso al lugar de trabajo se hace a través de grandes ascensores por los primeros 2.000 metros, luego tienen que seguir en camperos o a pie. El trayecto les toma aproximadamente una hora.

Como dato curioso, la mina ha significado un avance importante para la investigación astrobiológica, por cuanto en una de sus galerías descubrieron una nueva bacteria (*Desulforudis audaxviator*) que vive totalmente aislada y que muestra cómo existe vida en condiciones que hasta ahora se consideraban imposibles.

La producción actual de Mponeng es de 120 toneladas al año, equivalentes a unos cinco millardos de dólares. Para lograrlo deben hacer explotar y remover más de 6.400 toneladas de roca diariamente. Pero las vetas a esa profundidad ya están extenuadas.

Por ahora la mina es rentable con un precio por encima de los US$1.000/onza, por cuanto, dada su antigüedad ya tiene amortizados la mayoría de sus costos fijos; pero solamente le quedan reservas para ocho años. Si desean alargar su vida productiva deberán cavar hasta los 5.000 metros, para lo cual ya tienen un proyecto en marcha, pero, lógicamente, para que el costo justifique necesitan que los precios suban un 20 – 30 %.

En una situación similar a la de *Mponeng* está la gran mayoría de las minas actualmente en producción. La realidad es que el mundo se encuentra ante la penosa realidad de que las reservas del precioso metal están agotándose aceleradamente.

El ciclo de producción del oro es largo y complejo. Usualmente toma entre 10 y 20 años, desde el momento en el que se hace la prospección hasta que se obtiene el primer gramo de metal refinado; por lo cual un incremento de precios en este momento que incentive un aumento en la exploración no logrará que el volumen producido aumente significativamente para responder a la creciente demanda de los próximos años.

La producción mundial de oro se mantuvo relativamente estable entre los años 1990 y 2009, con un promedio anual de 2.400 toneladas. A partir de 2002 se inició una fuerte escalada de precios que motivó a las mineras a iniciar nuevos proyectos, lo cual ha llevado a que el volumen de oro extraído se haya incrementado vigorosamente en 2009 y los años siguientes, hasta alcanzar un récord de cerca de 3.200 toneladas en 2015. Sin embargo la brusca y sostenida caída de precio desde 2012 ha hecho que la exploración se reduzca drásticamente.

Los especialistas estiman que la producción caerá aproximadamente un 30 % entre 2016 y 2025.Pero la caída de producción en el futuro inmediato puede ser todavía mayor, si los precios no reaccionan, por cuanto la relación precio/costo está haciéndose cada día más estrecha.

Durante una conferencia en Nueva Orleans a mediados de 2014, el experto en geología Brent Cook señalaba que los costos totales de los procesos de extracción y refinación de oro de las principales mineras estaban alrededor de $1.400 la onza. Para ese momento el precio del oro era menos de $1.200 la onza, con lo cual muchas mineras estaban trabajando a pérdida. Para reducir costos y sobrevivir tenían que recortar los gastos de exploración y desarrollo y dedicarse a extraer solamente las partes de las minas que contenían la roca de mayor grado, es decir, aquella que contenía más mineral por tonelada de roca.

En 2016, gracias a los programas de reducción de costos, las mineras han logrado bajar el costo promedio hasta los $1.000/onza. Sin embargo, la principal estrategia que han utilizado hasta el momento ha sido la de dedicarse a explotar solamente la roca de mayor rendimiento, pero esta poco a poco se irá terminando y tendrán que acudir a las de bajo rendimiento, con lo cual los costos inexorablemente tendrán que subir.

Impacto ambiental reducirá la producción

Es bien sabido que la extracción de oro no ha sido muy amigable con el medio ambiente, y menos aun cuando las condiciones de producción son más difíciles. Este hecho se traduce en que los costos de prevención y remediación de las minas también tendrán un fuerte impacto en el incremento de los costos de producción. Adicionalmente la creciente presión social de las comunidades aledañas a las minas hará que muchos mineros, sobretodo irregulares, abandonen sus proyectos. Todo lo anterior en su conjunto también afectará la oferta de producto en el futuro.

- **Reciclaje**

La industria de oro reciclado comprende dos segmentos bien diferenciados; el primero, que alcanza el 90 % del material reciclado, es el segmento de alto valor de recuperación, cuya materia prima son principalmente las joyas, barras y monedas fuera de uso. El otro 10 % es el segmento de bajo valor de recuperación, y está conformado principalmente por el metal procedente de la industria electrónica, el cual es material difícil de reciclar, y solamente se procesa cuando los precios del oro están altos y justifican los costos.

El campo del reciclaje es muy importante en el movimiento del precio por cuanto representa cerca del 30 % del suministro de material, y se mantendrá vigente por más tiempo que la producción, dejándose sentir con mayor intensidad cuando los precios aumentan.

En reciclado tiene la ventaja sobre la producción de que puede responder más rápidamente al aumento de la demanda.

Una operación de reciclaje puede reactivarse o montarse en cuestión de meses.

- **La demanda de oro en el mundo**

El oro tiene valor emocional, cultural y financiero, que ha movido su mercado a través de generaciones. En el siguiente cuadro vemos las principales categorías de demanda para el preciado metal.

DEMANDA DE ORO EN EL MUNDO (Tons.)	2014	2015	2.016
Joyería	2.499	2.389	2.042
Industria tecnológica	349	332	322
Inversión particulares	855	919	1.561
Inversión bancos centrales	584	577	384
Demanda total (tons.)	**4.287**	**4.216**	**4.309**

Fuente: WGC

- **Joyería**

La industria joyera mueve el 60 % del mercado mundial del oro. De este total, China e India contribuyen con el 45 % de la demanda.

"Sin oro no hay boda", es un dicho en la India, que muestra la importancia del oro para la cultura y la tradición de ese país. Se estima que la mitad del consumo de oro en la India es para cubrir los más de 10 millones de bodas que se celebran cada año. El gasto en oro de un matrimonio de la clase media puede ser de alrededor de una tercera parte del presupuesto de la boda.

En China, el oro es el color de los emperadores y está asociado con la buena suerte. También se le considera un símbolo de alto estatus social, por lo cual la creciente clase media de ese país está incrementando el consumo, hasta el punto de que ya superó a India como el primer consumidor de oro para joyas. Además el oro es una parte importante de todos los festivales importantes de esa cultura. Al comienzo del Nuevo Año chino se celebra la Fiesta de la Primavera, durante la cual la demanda de joyas, tanto para uso personal como para regalar, es muy alta, haciendo que la demanda de oro crezca significativamente.

Otros consumidores importantes de oro para la fabricación de joyas son Turquía, los Estados Unidos, Rusia y Egipto, pero en menores cantidades que los anteriores. Por su parte, los mayores países importadores son Estados Unidos, Alemania, Dinamarca, Canadá y Francia.

La industria joyera monopolizará toda la producción mundial

Si tomamos en cuenta que la industria joyera hace uso de 2.300 toneladas de oro al año y que se reciclan más o menos 600 toneladas de joyas fuera de uso, un simple cálculo nos muestra que la joyería saca del mercado unas 1.700 toneladas todos los años. Ese metal queda almacenado en las joyerías y en los joyeros de los usuarios (usuarias principalmente), como prendas valiosas que solo se venderán en caso de extrema necesidad.

> *Si adicionalmente tomamos en consideración que en los países de mayor consumo, China e India, la clase media -que es la que más genera demanda- crece aceleradamente, podemos anticipar que este sector llegará a sacar del mercado unas 2.000 toneladas anuales, dentro de 5 -10 años. Si a esto le sumamos el hecho de que la producción disminuirá un 30 %, ubicándose en 2.000 toneladas, aproximadamente, podemos concluir que para el año 2025 la joyería estará haciendo desaparecer del mercado el 100 % de la producción, quedando solamente el equivalente al reciclaje para la industria y la inversión. Esta escasez, necesariamente, tendrá que hacer subir los precios.*

- **Usos industriales**

El principal uso industrial del oro se encuentra en el sector electrónico, pero también se utiliza en comunicaciones, naves espaciales, motores de aviones a reacción, empastes dentales, pintura en cerámicas y fotografía; y se sigue estudiando para usos farmacéuticos. Si bien este volumen es relativamente pequeño, en el largo plazo puede tener un efecto significativo en la oferta y la demanda, por cuanto es el único sector que realmente está consumiendo el oro.

La razón para ello es que las cantidades que se usan en cada aplicación son tan pequeñas, que las hace muy difíciles de reciclar. Una porción de este metal simplemente se pierde en basureros o se queda agarrando polvo en las viviendas y oficinas de los usuarios de los equipos electrónicos que, por diferentes razones, no se deciden a deshacerse de ellos.

Cada celular y cada tableta contienen en su interior cantidades ínfimas de oro que han sido usadas debido a su alta conductividad.

Pienso que la cifra que desaparece del mercado por este concepto puede estar alrededor de las 50 a 60 toneladas al año; un volumen que, a la larga, puede incidir en el precio.

- **El oro como inversión**

En el uso del oro como inversión podemos considerar dos tipos de inversores: el mayoritario conformado por aquellos que adquieren el producto como inversión de largo plazo y lo utilizan como reserva o acumulación de capital, y el inversor de corto plazo o especulación.

Dentro del uso del oro como inversión de largo plazo podemos diferenciar dos segmentos: la acumulación como parte de las reservas de los países a través de sus bancos centrales, y el ahorro de los particulares.

Bancos centrales: Con el objetivo de diversificar sus reservas monetarias, los bancos centrales acumulan oro en diferentes bóvedas del mundo. Cuando necesitan hacer uso de las mismas venden algunas toneladas, que luego tratan de recuperar para mantener un balance adecuado de reservas. Entre los años 2001 y 2009 las ventas netas anuales del sector oficial superaban a las compras; sin embargo, en los últimos años, desde el segundo trimestre de 2009, el sector oficial ha sido comprador.

La crisis económica de 2008-2009, y la subsecuente corrección de la misma haciendo uso de las imprentas oficiales para producir cantidades insanas de dinero fiduciario, ha suscitado un nuevo interés de los bancos centrales de aumentar sus reservas de oro para tratar de mostrar que las monedas aún cuentan con algún soporte real.

En la actualidad muchos de ellos, en especial China y Rusia, están comprando silenciosamente para no afectar los precios. Su motivación parece ser la de fortalecer sus monedas y posicionarse adecuadamente ante un posible cambio del Sistema Monetario Internacional (SMI).

En el siguiente cuadro podemos ver los volúmenes que tenían los principales bancos centrales del mundo en diciembre de 2016:

Región	Toneladas
Zona Euro	10.786,0
EE. UU.	8.133,5
FMI	2.814,0
China	1.842,6
Rusia	1.583,1
Suiza	1.040,0
Otros	6.982,0
Total	**33.181,1**

ORO EN BANCOS CENTRALES

Fuente WGC

Los mayores tenedores de reservas en oro son los países de la zona euro. De las 10.786 toneladas que muestra el cuadro, 3.378 pertenecen a Alemania, 2.452 a Italia y 2.433 a Francia. Como país, Estados Unidos ocupa el primer lugar con 8.133 toneladas.

En cuanto a los países de nuestra región, las mayores reservas pertenecen a Venezuela, con 200 toneladas. Prácticamente la mitad de lo que tenía cinco años atrás, pero ha estado vendiendo para resolver sus problemas económicos. Le siguen en volumen México con 120 toneladas, Brasil con 68 y Argentina con 57.

Colombia se encuentra en el último tramo de la lista con 4 toneladas solamente. Parece que las autoridades del Banco de la República no creen que justifique tener una parte de sus reservas en oro ante un posible cambio del Sistema Monetario Internacional (SMI). Otro tanto ocurre con Canadá, que ha vendido todas sus reservas y solamente se quedó con 70 onzas.

Inversores particulares de largo plazo: El otro segmento de demanda de oro para inversión de largo plazo está conformado por inversionistas particulares que adquieren oro físico como preservación del capital y lo guardan en bóvedas particulares o escondido en sus hogares. Tanto los grandes inversionistas privados como los pequeños ahorradores lo adquieren en forma física comprando lingotes, barras y monedas.

La mayor parte de las 36.000 toneladas que se encuentra en manos privadas pertenece a archimillonarios que lo guardan en bóvedas de seguridad, como parte de sus reservas personales de última instancia, y no están dispuestos a venderlo a ningún precio.

Gran parte del oro acumulado por pequeños ahorristas se encuentra en China e India. En estos países el ahorro en oro, tanto en joyas como en pequeñas barras y monedas, es una cuestión cultural.

La demanda china, particularmente, va a impactar el mercado de manera importante. Un reporte del Consejo Mundial del Oro (WGC), muestra que actualmente hay 300 millones de personas en la clase media china, y que esta cifra subirá a 500 millones en los próximos cinco años. Esto significará un aumento importante en la demanda del metal precioso.

El oro en la India, más que una cultura, es casi una religión. Una meta comúnmente compartida entre la gente de ese país es la de poseer oro, bien sea como adorno o con fines de ahorro. También en India la clase media está creciendo a un ritmo acelerado, lo cual significará más demanda para el oro.

Tampoco el oro de los pequeños ahorristas está disponible en el mercado por cuanto los tenedores solo están dispuestos a venderlo en casos de emergencia, cuando las circunstancias los obligan.

Papel-oro: Existen millones de inversionistas en todo el mundo que participan indirectamente en el mercado del oro a través de títulos valores cotizados en los mercados financieros, tales como cuentas asignadas y no asignadas de oro, contratos de opciones y futuros, contratos por diferencia (CFDs), *exchange traded funds* (ETF) y otros fondos de inversión. Generalmente son inversionistas y especuladores que buscan hacer dinero con los movimientos de corto plazo de los precios.

Este segmento es el más activo del mercado, por cuanto funciona las 24 horas y negocia millones de títulos diariamente. Los administradores de los fondos deben moverse rápidamente comprando oro cuando la demanda de títulos aumenta y vendiéndolo cuando esta disminuye.

Si bien es un segmento que, en teoría, negocia miles y miles de toneladas de oro, en realidad el volumen de producto que mueve es relativamente pequeño. La razón es que los fondos solo cubren parcialmente las cantidades de oro que representan los títulos que venden.

Sin embargo, una potencial crisis económica puede desatar el deseo de los inversores de obtener oro físico a cambio de los títulos, creando una demanda adicional del valioso mineral, por cuanto los administradores no pueden permitir que la diferencia entre el oro que representan los títulos y el oro físico en sus bóvedas sea muy desproporcionada, y saldrán al mercado a adquirir todo el material que necesiten.

El mundo Islámico irrumpirá con fuerza en el mercado del oro: Debido a una reforma de la ley sobre inversiones recientemente promulgada en el mundo árabe, se espera que la demanda de oro se incremente en unas 1.000 toneladas anuales, lo cual, obviamente, ejercerá un importante efecto sobre los precios.

Si bien el oro es muy popular en el mundo islámico, hasta ahora el precioso metal había sido aceptado en forma física, pero no en papel-oro, por considerar que la especulación financiera no tiene cabida dentro de sus principios. Sin embargo, el mundo está cambiando:

El Consejo Mundial del Oro (WGC), con sede en Londres, junto con Amanie Advisors, una firma de consultoría independiente sobre las inversiones de Shariah y la Organización de Contabilidad y Auditoría de las Instituciones Financieras Islámicas de Bahrein, han estado trabajando durante más de un año para desarrollar un «Estándar de la Shariah sobre el Oro», cuyo objetivo es el de permitir la realización de transacciones financieras con productos derivados del oro.

Lo anterior significa que las entidades financieras islámicas comenzarán a ofrecer transacciones en futuros, ETF y otros tipos de productos financieros basados en oro. Se estima que estas nuevas disposiciones entrarán en vigor a mediados de 2017, por lo que su impacto en el mercado se dejará sentir con mayor fuerza durante el segundo semestre del año.

Capítulo 3
De cómo está manipulándose el precio del oro

Reunión (secreta) de alto nivel:

Lugar: Washington D.C.

Asunto: Reunión extraordinaria (tema sin registrar)

Asistentes: El secretario del Tesoro de los Estados Unidos, el director de la Securities and Exchange Commission, la entidad supervisora de los mercados de valores en los Estados Unidos, usualmente conocida como SEC; el presidente de la Reserva Federal o FED que es el Banco Central de los Estados Unidos, y representantes de los 12 bancos dueños de la FED, por cuanto esta pertenece a un grupo de banqueros privados y no al gobierno como en otros países.

Fecha: febrero de 2012

-¡Este es el momento oportuno!– comentó uno de los asistentes, como siguiendo el hilo de una conversación iniciada anteriormente, pero no registrada en la minuta-. La respuesta del mercado será inmediata. Nuestros contactos con los medios ya están preparados para responder a las preguntas capciosas que comiencen a hacer los periodistas económicos y a las críticas que veremos llover de todas partes de mundo. Como siempre, tendremos que manejar las comunicaciones de una manera muy prudente. El golpe que asestaremos al mercado se verá sospechoso, pero tendremos que hacerlo antes de que la situación se nos salga de las manos.

-¿Aprovecharemos para comprar? – preguntó el secretario del tesoro.

-Primero tenemos que hacer caer los precios –respondió el primero, que parecía ser el responsable de esos movimientos–. Vamos a sacar al mercado unas cuantas toneladas. Ya estamos avisando a todos nuestros agentes para que estén listos a comprarlas.

¿Cómo lo hacen?, ¿cómo pueden manipular el precio del oro?

Fácilmente, si se está autorizado para romper las reglas. Con los sistemas electrónicos actuales, los inmensos recursos y sofisticados equipos de los que disponen, el proceso es muy sencillo: mientras que los agentes vendedores hacen públicas las ofertas, cada vez más bajas, los agentes compradores están prestos a tomarlas, sin dar chance a que operadores extraños (chinos y rusos particularmente) puedan aprovechar la feria.

De todas maneras ocasionalmente los agentes compradores dejan escapar un par de órdenes, al azar, para darle credibilidad al mercado. Esas órdenes no cubren sino unas pocas onzas que están dispuestos a gastar en cada operación.

Tanto esta reunión como la que pudo haber ocurrido en octubre de 2012, cuando los precios nuevamente quisieron salirse de control, son simple imaginación del autor. Sin embargo, en 2014, el canal History Channel presentó un documental titulado "La conspiración del oro", en el cual corrobora las sospechas de la manipulación del precio del dorado metal.

Comenta el relator que el 19 de agosto de 2013 el presidente Obama convocó a los presidentes de los bancos a una reunión secreta, en la cual se trataron varios temas referentes a la economía global y particularmente a la situación financiera del país.

No se conocen los detalles de la reunión, pero se presume que tuvo que ver con el tema del oro, porque los precios recibieron un nuevo impulso hacia la baja. Poco después, en octubre de ese mismo año, apareció en el mercado una orden de venta por 124 toneladas, un volumen imprevisto que hizo desplomar el precio en pocos segundos.

Según lo reportaron los medios, *"fue una jornada histórica porque el precio de la onza se desplomó un 9 %, el mayor descenso en un solo día desde 1983 (el mayor en 30 años)".* La identidad de la persona o entidad que puso la orden se ha mantenido en secreto.

Durante todo el año 2013 se llevaron a cabo otras reuniones con el mismo propósito: controlar el precio del oro. De esta manera lo hicieron bajar hasta los $1.200 por onza, un precio que según algunos expertos es el adecuado tanto para proteger a los productores como para desmotivar a los inversionistas a utilizarlo como refugio contra la depreciación del dólar.

Paul Roberts, una persona que ha trabajado para el Departamento del Tesoro de los EE. UU., ha confirmado que la Reserva Federal (FED) ha decidido no dejar que el oro supere los $1.450/onza.

-¿Por qué las autoridades financieras de los Estados Unidos quieren depreciar el oro?

-Porque compite con el dólar como el activo de reserva global. Porque el dólar está debilitándose y ellos deben demostrar que su moneda es más estable que el oro.

En el año 2000 el 70 % de las reservas mundiales estaban en dólares, pero en 2014 esa proporción se había reducido al

60 %. Es decir que la tendencia es hacia la pérdida de estatus como la reserva global.

-¿Por qué es tan importante para los Estados Unidos mantener el estatus del dólar?

Por la singular ventaja que esto le proporciona sobre los demás países. Cuando los Estados Unidos necesitan importar café de Colombia o cobre de Chile o vino de Francia, todo lo que tienen que hacer es imprimir más billetes, con la certeza de que los exportadores se los aceptarán como medio de pago. Por supuesto esto se traduce en una ventaja sobre el resto del mundo y la defienden con todos los recursos de que disponen.

La principal amenaza que tiene el dólar es el oro. Como reacción a la masiva emisión de papel moneda con el que la FED está inundando al mundo, el público está perdiendo confianza en el dólar y está mirando al oro como una alternativa más confiable para respaldar las transacciones internacionales.

Pero los Estados Unidos no están dispuestos a ceder el control del Sistema Monetario Internacional (SMI). A ellos les gustaría que la gente dejara de pensar en el oro como un activo de inversión, y que lo viese solamente como un objeto decorativo con unos pocos usos industriales.

- **Dudas sobre inventarios de oro de EE. UU.**

El conocimiento de que los EE. UU. cuentan con cuatro sofisticadas bóvedas que contienen más de 8.000 toneladas de oro de su propiedad, más otros miles de toneladas que les han sido entregadas en custodia por países amigos, le da una gran seguridad a la gente sobre la fortaleza tanto de las instituciones financieras de los EE. UU. como del dólar.

El problema actual consiste en que la gente está dudando sobre el volumen de oro que el gobierno de los EE. UU. declara tener en sus bóvedas. Se sospecha que se ha gastado tanto el oro propio como el que le dieron en custodia. Ante esta duda algunos de los propietarios del oro han querido recuperar lo que les pertenece, y la respuesta que han recibido ha profundizado más las sospechas:

En mayo de 2011 Dominique Strauss-Kahn, presidente del Fondo Monetario Internacional (FMI), solicitó que le devolvieran 174 toneladas que la institución a su cargo tenía guardadas en las bóvedas de la FED. Como las autoridades de esta última se negaron a entregárselas, Strauss-Kahn comentó públicamente su sospecha de que los Estados Unidos podrían estar jugando con las reservas de oro de algunos países miembros de la organización.

Poco tiempo después Strauss-Kahn fue obligado a renunciar, acusado de acoso sexual. Se especula que se trató de un plan para silenciarlo. Además de su reclamo del oro, Strauss-Kahn ya había perdido el aprecio de los funcionarios estadounidenses, debido a que estaba promoviendo el reemplazo del dólar por el DEG, para las transacciones internacionales.

El DEG (Derechos Especiales de Giro) es una moneda creada por el FMI en 1969. Está compuesta por una cesta que contiene las cinco monedas de reserva: el dólar, el euro, el renminbi (yuan), el yen y la libra esterlina.

En enero de 2013 Alemania decidió repatriar 300 de sus 1.560 toneladas del oro que tiene guardado en las bóvedas de los Estados Unidos. El gobierno de ese país, aduciendo algunos problemas de estado, le respondió que no podía enviárselas ahora. Inclusive se negó a que Alemania verificara sus existencias. Los teutones solamente recibieron cinco toneladas en 2013 y 85 en 2014. El resto les será devuelto poco a poco durante siete años. El impase se solucionó a través de canales diplomáticos secretos.

A raíz de este incidente otros cinco países están pidiendo la devolución de sus reservas: Holanda, Suiza, Polonia, Ecuador y México. El primero de ellos ya logró rescatar 130 toneladas, los otros parece que aún están a la espera.

El exsubsecretario del Tesoro de los EE. UU., Paul Craig Roberts, cree que *«los alemanes ya nunca verán su oro»*. Se sospecha que el gobierno de los Estados Unidos, tratando de contener el precio, no solo vendió sus reservas sino las de los países que le habían encomendado su custodia.

«Nadie va a recuperarlo. Hace mucho tiempo los expertos del mercado del oro sospechaban que la Reserva Federal ya había agotado todo el oro de EE. UU. tratando de suprimir el precio del oro en los últimos años. Y luego, después de que se quedaron sin el oro estadounidense, comenzaron a usar todo el oro dejado en la Reserva Federal en depósitos», dijo el economista al portal 'King World News'.

En junio de 2011, Ron Paul, siendo congresista de los EE. UU., solicitó auditar el oro de Fort Knox, pero el Departamento de Estado se negó.

Se ha especulado mucho sobre la no existencia de las reservas de oro de los Estados Unidos. Hasta se ha llegado a decir que lo que tienen en sus bóvedas son lingotes y barras de tungsteno recubiertas con oro.

De confirmarse la anterior sospecha el precio del oro subiría como cohete, pero es poco probable que algún día se conozca la verdad. Solo muy pocas personas saben lo que allí está ocurriendo, y se cuidarán muy bien de no decirlo.

- **Manipulación psicológica**

Uno de los factores que más influyen en el precio del oro es el psicológico, y las instituciones financieras son especialistas en utilizarlo.

El Banco Mundial, por ejemplo, está pronosticando una caída paulatina de los precios del oro durante los próximos años, hasta llegar a 1.000 dólares por onza en 2030.

Me comuniqué con John Baffes, el economista sénior del banco, para tratar de entender las premisas sobre las que estaba basado su pronóstico. Su respuesta fue bastante ambigua:

"Tienes razón al señalar el fortalecimiento de la demanda de oro. Nuestras hipótesis, sin embargo, también tienen en cuenta las condiciones monetarias en los Estados Unidos y en otros lugares, donde las condiciones de ajuste monetario comienzan a tener lugar. También esperamos que el dólar siga siendo fuerte. Bajo este supuesto, proyectamos el oro como un vehículo de inversión menos atractivo".

Naturalmente es una entidad cuya opinión tiene mucho peso, y su obligación es tratar de mantener la calma a través de sus declaraciones. Con este pronóstico intentan hacer creer al mundo que todo está bien en el sistema financiero global y que no hay por qué preocuparse.

- **También las entidades privadas juegan con el oro**

Las entidades privadas colaboran con el mismo tipo de campañas a través de los comentarios de sus expertos. Cuando un especialista de Goldman Sachs predice que el precio del oro va en una dirección... hay que creerle. ¿Por qué? Porque ellos tienen la capacidad de manipular el precio... ¡y en efecto lo hacen! Si ellos dicen que el precio va a bajar, el precio bajará. Aparentemente sus asesores tienen instrucciones de presionar el precio hacia abajo.

-¿Por qué razón?, -se preguntarán algunos.

-En realidad no es una sola, sino varias razones: en primer lugar ellos son parte de la Reserva Federal, y a esta no le conviene que los precios del oro suban, así que a través de sus pronósticos lo presionan a la baja. Y, en segundo lugar, porque cuando el precio baja, siguiendo su manipulación, ellos compran y hacen el gran negocio.

- ¿Significa eso que los analistas de Goldman Sachs no son imparciales al hacer sus predicciones?

-Por supuesto que no; ni los analistas de Goldman Sachs ni los de ninguna de las entidades financieras pueden ser imparciales en sus predicciones. Ellos, siendo empleados de la empresa de la cual reciben unos ingresos descomunales, están comprometidos a pronosticar lo que a la empresa le convenga. Ellos no están contratados para hacer pronósticos imparciales, sino para presionar a los mercados para que actúen en concordancia con sus intereses.

Pero no solo Goldman Sachs manipula el mercado.

En un episodio que fue bastante conocido en los años 80, el banco Morgan Stanley estaba ejecutando un programa de inversión en metales preciosos. El programa ofrecía a los clientes una forma de comprar barras de oro y mantenerlas almacenadas en las bóvedas del banco, por lo que cobraban una tarifa. Pero mientras el banco dijo que estaba comprando y almacenando oro físico, asignado a sus clientes individuales —y estaba feliz de cobrar los honorarios por hacerlo— algunos de sus clientes se dieron cuenta de que no estaba haciendo tal cosa.

Según reportó la agencia de noticias Reuters: cuando un hombre llamado Selwyn Silberblatt, un agricultor de Maine, pidió la entrega de sus barras almacenadas y el banco se negó a entregárselas, todo se descubrió. El cliente demandó y Morgan respondió ofreciéndole un arreglo amistoso, mediante el cual lo compensó con cuatro millones de dólares.

Más tarde, el banco publicó una declaración: «*Aunque negamos las acusaciones, resolvimos el caso para evitar el costo y la distracción de los litigios continuos*». Con eso se cerró el caso y el banco quedó libre de culpa.

Con la aparición en los mercados financieros de títulos basados en oro, como alternativa para adquirir el metal, han surgido algunos que son más papel que oro.

Es bien sabido que el oro se considera un refugio que sirve para proteger el valor del dinero cuando se presentan las crisis económicas.

A raíz de la crisis de 2008-2009, la demanda de títulos de oro subió fuertemente y el mercado estuvo presto a satisfacerla sin restricciones. Tal pareciera que los inventarios del preciado metal fueran infinitos. Sin embargo, la realidad es que la oferta es muy limitada.

Las personas que invierten en títulos valores respaldados por oro tales como acciones de ETF, contratos de futuros, certificados, cuentas asignadas, etc., deben ser conscientes de que su inversión no es en oro físico sino en papel-oro. Son instrumentos muy líquidos y fáciles de adquirir, pero muchos de ellos no tienen el oro que dicen tener para respaldar los títulos.

Se estima que la oferta del papel-oro solamente está respaldada en una relación de 1 a 100, es decir que 100 onzas de papel-oro solamente están respaldadas por una onza de oro físico.

La situación anterior, obviamente, hace que los inventarios de oro en el mercado aparenten ser mucho más altos de lo que en realidad son. En otras palabras, muchas entidades financieras están vendiendo oro que no existe.

Es fundamental que los inversionistas hagan una elección cuidadosa de los títulos que elijan.

-¿Será que las autoridades financieras no se dan cuenta de esta situación?

-Probablemente sí, pero es una situación que les favorece, por cuanto ayuda a mantener los precios del oro bajo control. Mientras esto siga así no tomarán ninguna acción. Sin embargo parece que nos encontramos en un momento de transición del Sistema Monetario Internacional, y es posible que el oro logre nuevamente preponderancia en el mundo financiero y que con ello su precio se ajuste a la realidad.

El comentarista Alex Jones, en el documental LA CONSPIRACIÓN DEL ORO, de History Channel, lo expresa de esta manera: «*El precio del oro es como una pelota de playa que se mantiene bajo el agua; cuando se suelte va a salir disparada*».

- **El rol de europeos y japoneses**

Es muy probable que las autoridades financieras europeas y japonesas estén manipulando el precio del oro al igual que los Estados Unidos. Tanto los europeos como los japoneses necesitan presionar el precio del oro hacia abajo para desincentivar a los inversionistas a adquirirlo. Intentan evitar que estos vean el oro como una mejor alternativa ante las tasas negativas con las que están encontrándose en la banca. No pueden permitir que los inversores abandonen los bancos, porque esto aceleraría el colapso del sistema financiero actual.

- **Dudas sobre los inventarios de oro de China**

No solo las entidades estadounidenses manipulan el oro; también lo hacen los chinos, pero a diferencia de las autoridades de los Estados Unidos que tratan de mostrar un volumen que posiblemente no tienen, las autoridades chinas hacen todo lo contrario: tratan de minimizar el volumen de sus inventarios.

Al gobierno chino le interesa que el oro sea reconocido como la alternativa al dólar... pero no todavía, sino un poco más adelante, cuando hayan completado sus objetivos:

1. Recuperar la inmensa deuda que tienen en Estados Unidos y en Europa, la cual asciende a más de 3 billones de dólares.

2. Acumular el volumen necesario de oro para fortalecer el renminbi (yuan) y tener mayor influencia en el nuevo sistema monetario.

Por ahora les conviene que el precio del oro esté barato y que ni dólar ni el euro se deprecien mucho; con ello podrán deshacerse de los dólares y euros, adquiriendo oro barato y otros activos en todo el mundo.

Cuando lo consideren apropiado darán la noticia de sus reservas reales. Igual ocurre con Rusia, India, Holanda, y en general con todos los países que están preparándose para el cambio del sistema monetario.

China está jugando un rol tan importante en el establecimiento del nuevo Sistema Monetario Internacional que merece capítulo aparte.

Capítulo 4
Equilibrio entre oferta y demanda

De acuerdo con lo que está ocurriendo en los mercados hoy en día, daría la impresión de que existe equilibrio entre oferta y demanda que hace que los precios tengan una fluctuación relativamente baja, entre los $1.100 y los $1.450 por onza. Lo cual concuerda con el objetivo de la Reserva Federal.

Es evidente que la situación real del mercado es deficitaria, pero la manipulación tanto oficial como privada ha logrado mantener control sobre los precios.

En un mercado abierto, en donde funcionase libremente la ley de la oferta y la demanda, la tendencia debería ser hacia el alza, debido al agotamiento de las fuentes de producción, pero en la actualidad los bancos centrales interesados en mantenerlo bajo control disponen de los medios para manipular los precios y hacerlos bajar a niveles que consideran adecuados para evitar que se les vaya de las manos y comiencen a afectar las monedas de reserva sin respaldo, principalmente el dólar.

La demanda adicional que veremos durante los próximos años por parte de la joyería y la industria electrónica, como consecuencia del crecimiento poblacional, sumado a la reducción paulatina de la producción, puede hacer que los precios suban modestamente.

Sin embargo lo que puede hacer disparar los precios es el aumento de la demanda por parte de los inversionistas, tanto oficiales como privados. Es el oro que se utiliza como reserva el que marcará la diferencia.

- **Oro almacenado como reserva**

Decía un comentarista que el negocio del oro es el más estúpido del mundo: consiste en gastar enormes cantidades de dinero para extraer el metal de un socavón y luego llevarlo a otros socavones en los que hay que pagar por su almacenamiento.

Por supuesto, el comentarista se refería a las reservas que mantienen en bóvedas de alta seguridad, tanto los bancos centrales como inversionistas particulares.

El factor que es determinante en los precios del oro es el producto almacenado. Se trata de alrededor de 69.000 toneladas guardadas en cámaras de seguridad y bóvedas de los grandes bancos, en cajas de seguridad privadas, enterrado en el patio trasero, escondido en lugares secretos de la vivienda, en escritorios bajo llave, debajo del colchón, y en cualquier otro lugar que se les ocurra esconderlo a los pequeños tenedores de barras y monedas.

Del volumen mencionado anteriormente, 33.000 toneladas están en manos de los bancos centrales y 36.000 en manos privadas. Es metal que no está prestando ningún servicio práctico, sino meramente emocional: es la reserva que proporciona sensación de seguridad económica a quien lo posee, trátese de bancos centrales o de campesinos de la India.

Si en un momento dado ese inmenso volumen perdiera su atractivo para los tenedores y decidieran venderlo, el oro quedaría valiendo menos que su equivalente en hierro o en cobre. Sin embargo, dada la importancia que tiene como tesoro, como reserva de última instancia, es muy poco probable que eso ocurra.

Por el contrario, en momentos de inestabilidad económica, política o social, este sector ejercerá una gran presión del lado de la demanda. Eso es precisamente lo que se espera que ocurra, ante la incertidumbre que vive el sistema monetario actual.

De acuerdo con Jim Rickards, autor de varios libros sobre el oro y las monedas del mundo, y una de las personas que más conoce sobre la materia, las posibilidades de que el SMI regrese al patrón oro son altas, y según algunos cálculos de equivalencias que él realiza, el precio del oro debería ubicarse en $10.000 la onza. Por supuesto, antes de que esto ocurra los bancos centrales intentarán engrosar sus reservas, creando una fuerte presión en el mercado.

PARTE II

TRANSICIÓN HACIA UN NUEVO SISTEMA MONETARIO INTERNACIONAL (SMI)

Capítulo 5

El SMI es dinámico

Como es bien sabido, el dólar de los Estados Unidos ha dominado el sistema monetario global gran parte del siglo XX y lo que va del siglo XXI. Todo el mundo debe usarlo para realizar transacciones internacionales, desde el forastero que compra un celular en Nueva York, Tokio, Berlín o Singapur, hasta el estado soberano que debe importar petróleo del Medio Oriente o cualquier otro producto de cualquier otra parte.

Lo mismo opera para los exportadores: todos ellos están obligados a aceptar dólares como pago por sus productos o servicios.

Todos los países deben producir y exportar bienes y/o servicios para adquirir los dólares que les permiten importar los productos que necesitan; todos menos uno: el país dueño del dólar, los Estados Unidos de América. Todo lo que ellos tienen que hacer para generar los dólares que necesitan es poner a funcionar sus imprentas y emitir un papel moneda que adquiere valor como por arte de magia. Un valor que procede de la nada.

Con sus dólares pueden salir de compras por todo el mundo y adquirir lo que quieran. Naturalmente, sus imprentas también les permiten pagar los intereses de sus deudas, por lo cual no tienen ningún problema en emitir bonos (deudas) alegremente... Al fin y al cabo para pagar los intereses les basta con obtener nuevos créditos en todo el mundo o poner en marcha sus impresoras.

Y la verdad es que no han sido tímidos al respecto: hoy en día tienen inundado todo el globo terrestre con sus dólares y sus deudas. Las cifras son tan ridículamente altas que no vale la pena ni mencionarlas.

Pero los excesos siempre cobran. La historia nos ha mostrado que la impresión indiscriminada de moneda sin respaldo tarde o temprano pasa factura, y eso es precisamente lo que está cerca de ocurrirle a la hegemonía del dólar. Las amenazas que se ciernen sobre este son cada día mayores.

Sin embargo no hay por qué sorprenderse. No es un evento nuevo en el mundo. La historia nos muestra que ya hemos vivido esa situación en varias oportunidades: las monedas que han tenido un protagonismo internacional, en un momento dado, han terminado por ceder terreno a nuevas monedas, desde un denario romano hasta la libra esterlina, pasando por el real español, el florín holandés y el franco francés.

Todas las monedas mencionadas y otras más, vivieron momentos de esplendor y gran aceptación internacional, pero luego terminaron dando paso a otras. Lo mismo ocurrirá con el dólar y, según los indicios que podemos ver en el mercado, nos encontramos en plena transición.

- **La libra esterlina como moneda dominante**

La historia de la libra esterlina, si bien no es una excepción, es particularmente interesante porque muestra muy bien lo que ocurre cuando un país dominante abusa de su situación hegemónica.

Hacia 1870 comienza a popularizarse el papel moneda como medio de pago internacional, pero siempre bajo la premisa de que los papeles que se recibieran estuviesen respaldados por un peso determinado de oro. De esta manera si el vendedor que aceptaba el papel moneda quería cambiarlo por oro, no tendría inconveniente en hacerlo.

Por supuesto, había libertad plena para importar y exportar este metal. De igual manera, dentro de los países, los ciudadanos gozaban de libre convertibilidad. Ellos podían ir al banco a cambiar sus papeles por oro, y viceversa.

A nivel mundial el Imperio Británico era la fuerza dominante. Ello era así porque, dadas sus condiciones geográficas, dependía del comercio internacional para su subsistencia, lo cual lo obligó a desarrollar los mecanismos necesarios para facilitar las transacciones. De esta manera fue imponiendo poco a poco su libra esterlina como la moneda de referencia mundial.

La libra era aceptada con la misma facilidad con la que es aceptado el dólar hoy en día. Sin embargo había un detalle importante: los exportadores que la aceptaban contaban con que la libra estaba respaldada en oro.

Con el aumento de las transacciones comerciales y los grandes gastos que el país tuvo que soportar para sostener sus ejércitos, el oro que tenían como soporte de la libra dejó de ser suficiente para respaldar la cantidad de circulante que se necesitaba y, por lo tanto, el Banco de Inglaterra comenzó a emitir billetes que estaban solo parcialmente respaldados por el preciado metal. Parte de su valor comenzó a ser respaldado por el factor "confianza".

Al comienzo, el resto del mundo lo aceptó sin protestar; pero Inglaterra, acosada por las necesidades monetarias de la Primera Guerra Mundial, se excedió en la impresión de libras esterlinas sin respaldo, lo cual no pasó inadvertido para sus socios comerciales, que poco a poco fueron perdiendo confianza en la libra, cuya garantía en oro había quedado para la historia.

Al terminar la guerra, Inglaterra quiso recuperar la confianza del mundo tratando de volver a utilizar el patrón oro, pero sus intentos fallaron debido básicamente a que su poder económico estaba siendo superado por los Estados Unidos.

Mientras Londres se iba opacando, Nueva York empezaba a surgir como el nuevo centro financiero mundial, y el dólar comenzaba a vislumbrarse como la nueva moneda de intercambio internacional. Sin embargo la crisis financiera de Wall Street en 1929 hizo que el dólar sufriese un retroceso.

El mundo no estaba dispuesto a aceptar una moneda que había sufrido tal catástrofe financiera, por lo cual se vivió un período de incertidumbre, durante el cual no había una moneda de referencia que tuviese aceptación mundial, como lo había sido la libra esterlina.

Pero la Segunda Guerra Mundial vino al rescate del dólar.

Al igual que al final de la primera guerra, los países europeos quedaron devastados, lo mismo que sus monedas, mientras que los Estados Unidos salieron prácticamente ilesos, y el dólar empezó a ser apreciado como la moneda de referencia.

Si bien los países europeos no estaban muy conformes con ese cambio, el plan Marshall ofrecido por los Estados Unidos para la recuperación de toda la infraestructura destruida por la guerra los convenció. La reconstrucción de Europa era prioritaria, y para ello no tenían otra alternativa sino aceptar el dinero que les ofrecía su aliado americano, y este obviamente tenía que ser en dólares.

La cifra fue de 12 millardos, que fueron a parar a Inglaterra, Francia y Alemania principalmente. Aun así los países europeos, no queriendo estar dependientes de un dólar sin soporte real, promovieron una reunión para establecer las nuevas reglas del juego.

La iniciativa, respaldada principalmente por Inglaterra, los llevó a reunirse en una pequeña localidad de New Hampshire, en los Estados Unidos.

▪ Los acuerdos de Bretton Woods

En 1944, con el propósito de remediar la situación económica global, se llevó a cabo la famosa reunión de Bretton Woods, en la cual se establecieron nuevas reglas para manejar las relaciones financieras internacionales. Una de esas reglas fue la de restablecer el patrón oro como medida para ordenar el intercambio internacional.

El famoso economista John Maynard Keynes, quien representaba a la Gran Bretaña, propuso la creación de una nueva moneda, pero los Estados Unidos, siendo dueños para ese momento de un tercio de las reservas mundiales de oro, lograron imponer el dólar como la moneda de intercambio internacional, con el compromiso de que este sería convertible a su valor equivalente en oro en el caso de que cualquier país firmante del compromiso lo solicitara.

De esta manera las demás monedas se comenzaron a cotizar en dólares, y el precio del dólar se fijó en 1/35 de una onza de oro. Es decir que la onza quedó valiendo $35.

El acuerdo de Breton Woods suponía que los Estados Unidos no deberían imprimir más dinero del que le permitiese el volumen equivalente de oro que mantenía en sus bóvedas; de esta forma mantendría estable el precio del dólar, ofreciendo así un medio de pago confiable para que tanto exportadores como importadores se sintieran seguros. Así pues el dólar se convirtió en la moneda de cambio internacional, aceptada en todo el mundo.

Pero el gobierno de los Estados Unidos incumplió su compromiso.

En la década de 1960 las necesidades de fondos para solucionar su problema financiero, particularmente la Guerra de Vietnam, sumado a la facilidad de tener la imprenta en casa, hicieron que se excedieran en la impresión de billetes, con lo cual el dólar comenzó a perder valor con respecto al oro.

Por supuesto las autoridades de los países que firmaron el pacto se dieron cuenta de la situación y llegaron a la conclusión lógica de que, como consecuencia de la enorme impresión de billetes, el oro valía más de los $35 dólares por onza. Así que tomaron las acciones pertinentes para protegerse.

El primero en reaccionar fue el presidente de Francia Charles De Gaulle. En 1965 se quejó del abuso de los Estados Unidos en un famoso discurso televisado:

«Un sistema monetario basado en la moneda de una sola nación es un peligro para el mundo» –dijo De Gaulle-. *«El hecho de que muchos países acepten que el dólar es tan bueno como el oro*

ha llevado a los estadounidenses a endeudarse de manera gratuita a expensas de otros países, porque los Estados Unidos son los únicos que pueden pagar con dólares que solamente ellos pueden emitir. Consideramos necesario que el comercio internacional se establezca sobre una base monetaria indiscutible, como ocurría antes de las grandes desgracias del mundo, y que no lleve la marca de ningún país en particular. La verdad es que no puedo imaginar cómo uno podría realmente tener un estándar distinto al oro».

Pero la queja de De Gaulle no se limitó a las palabras. Ese mismo año envió 150 millones de dólares y exigió que el papel moneda se intercambiara por oro de los EE. UU. Luego España hizo otro tanto y cambió 60 millones de dólares estadounidenses por su equivalente en oro; otras naciones siguieron su ejemplo.

Mientras tanto los Estados Unidos se mantenían firmes en su posición de mantener el liderazgo del dólar; pero las bóvedas que contenían el oro estaban desocupándose, por lo cual decidieron romper unilateralmente el acuerdo de Bretton Woods para solucionar la situación.

- **Nixon elimina el patrón oro**

En agosto de 1971 el presidente Nixon acabó con la convertibilidad del dólar en su equivalente en oro, y de esta manera acabó también con el patrón oro. A partir de ese momento comenzó a operar el sistema de flotación, basado exclusivamente en un intangible que todo el mundo se vio a obligado a aceptar: la "confianza" en un dólar sin ningún respaldo real.

Los países europeos, por supuesto, no se sintieron muy felices con el incumplimiento del presidente Nixon e intentaron separarse del dólar, pero los Estados Unidos jugaron una carta que les ayudó a recuperar el liderazgo de su moneda.

- **El nacimiento del petrodólar**

Ante la amenaza de que el dólar perdiera la preponderancia global adquirida mientras estuvo respaldado por el patrón oro, el presidente Nixon y sus asesores decidieron reafirmar una vieja alianza que había firmado el presidente Roosevelt con el rey Abdelaziz de Arabia Saudita en 1945.

En ese primer acuerdo el país árabe se comprometía a suministrar petróleo a su aliado en condiciones favorables, a cambio de que los norteamericanos lo apoyaran para mantener el poder, por ese entonces amenazado por otros príncipes beduinos de la región.

El nuevo convenio se llevó a cabo en 1974 durante una reunión entre el secretario de estado de los Estados Unidos, Henry Kissinger, y el rey Faisal de Arabia Saudita, y llegaron a un acuerdo histórico que ha marcado los últimos 40 años del sistema monetario internacional.

Por una parte los Estados Unidos reconfirmaron su compromiso de suministrar armas y de defender tanto la permanencia de la familia real en el poder como a su industria petrolera, mientras que por su parte el rey Faisal se comprometió a usar su influencia para que todas las negociaciones realizadas por los países de la OPEP se realizaran en dólares, de tal forma que cualquier país que quisiera comprar petróleo tenía que adquirir la moneda estadounidense para hacerlo.

De cierta manera el dólar comenzó a ser respaldado por el petróleo, lo cual le dio una nueva preeminencia global, dando nacimiento al más tarde llamado "petrodólar".

El término petrodólar fue acuñado para destacar la enorme ventaja que habían adquirido los países de la OPEP, vistos como "los nuevos ricos" del mundo. Pero el que en realidad logró la mayor ventaja fue los Estados Unidos, por cuanto este le ayudó a consolidar el poder de su moneda.

El precio del oro entre 1971 y 1980

Cuando el dólar se divorció del oro, el precio de este último aumentó, debido a la incertidumbre creada.

1971: $35/onza.

1974: $169/ onza.

1980: $850/ onza.

Con la decisión de eliminar el patrón oro, los Estados Unidos no pudieron mantener el control sobre el precio del metal que, de hecho, en los primeros tres años se disparó 500 % y, en diez años 2.400 %. En septiembre de 1980 el precio estaba en $850/onza. Se demostró una vez más que el oro siempre mantiene su valor en el largo plazo. Es posible reprimirlo temporalmente, pero a la larga siempre recupera su esplendor.

En la actualidad vemos que la historia tiende a repetirse. Los acontecimientos económicos y geopolíticos que estamos viviendo parecen estar gestando una potencial crisis que puede darle un nuevo impulso al precio del oro, similar a la década de los años 70. De ser así, podríamos ver que en los próximos 10 años el oro superaría los $25.000/onza.

- **La muerte anunciada del petrodólar**

El acuerdo entre Arabia Saudita y los Estados Unidos funcionó muy bien hasta 2014, cuando este último comenzó a autoabastecerse de petróleo, aumentando así la oferta global del producto, lo cual trajo como consecuencia el derrumbe de los precios, desde los $100 hasta los $30/barril. Esto, naturalmente, no ha hecho felices a los árabes ni a los demás miembros de la OPEP, ni a otros países productores de petróleo. Por lo cual estamos ante la disyuntiva de que el petrodólar deje de tener el liderazgo del que ha disfrutado hasta ahora.

La primera reacción de Arabia Saudita para contrarrestar el ataque comercial de los Estados Unidos fue más que todo emocional:

«El hecho de que el barril de petróleo baje a $50, $40 o $20 es irrelevante... Los miembros de la OPEP no bajarán su producción», declaró el ministro del petróleo, Ali al-Naimi.

La idea detrás de esta estrategia era llevar a la quiebra a muchas de las empresas de los Estados Unidos cuyo costo de producción está por encima de los $60 por barril. Efectivamente lograron que algunas petroleras cerraran su producción, pero la mayoría siguió bombeando petróleo y aumentando la oferta global.

Asumo que las autoridades de los Estados Unidos comenzaron a ver el caso como un problema de estado e intervinieron para financiarlas y aguantar los bajos precios. Recuerden que todo lo que tiene que hacer el gobierno de los EE. UU. para obtener dinero es producirlo de la nada, como por arte de magia. ¡La vida es más fácil cuando se tiene el poder de imprimir dinero sin respaldo!

Por supuesto ante esta fuerte competencia la estrategia de Arabia Saudita fracasó, y entonces decidió algo diferente: convocó a todos los países productores de petróleo, incluyendo los que no están afiliados a la OPEP, para fijar una nueva estrategia de largo plazo. La reunión se llevó a cabo a finales de 2016. La noticia fue publicada por el portal http://www.preciopetroleo.net/opep.

Fecha: dic. 10 de 2016

«Reunión OPEP y productores fuera del grupo alcanzan primer Acuerdo Global desde el 2001

La OPEP y otras naciones productoras de petróleo fuera del grupo, incluyendo a Rusia y México, alcanzaron el sábado, 10/12/2016, su primer acuerdo global desde 2001, para recortar el bombeo de crudo en conjunto y aliviar el exceso de oferta que ha mantenido bajos los precios del barril por los últimos dos años. El acuerdo fue sellado finalmente después de casi un año de discusiones dentro de la OPEP, y de desconfianza en la disposición de Rusia de atenerse al pacto. Ahora la atención del mercado se centrará en el cumplimiento del trato.

Además de Rusia, en las conversaciones del sábado participaron México, Bolivia, Azerbaiyán, Bahréin, Brunei, Guinea Ecuatorial, Malasia, Kazajistán, Sudán del Sur y Omán, todos países que no pertenecen a la OPEP».

El hecho de que Rusia haya aceptado sentarse a negociar con Arabia Saudita es muy diciente por cuanto los dos han estado disputándose los principales mercados del mundo, comenzando por el de China.

Tanto Arabia Saudita como Rusia ya tienen acuerdos con China para aceptar el pago del petróleo en yuanes, y evitar el dólar de la transacción. Solo es cuestión de tiempo para que todos los proveedores de petróleo a China hagan otro tanto.

Hasta aquí iba la historia cuando se publicó este libro. Sin embargo podemos especular un poco sobre lo que sigue:

Probablemente una de las primeras acciones que tomarán los miembros de la OPEP será la de tratar de dar sana sepultura al petrodólar. Pero no es una tarea fácil, por varias razones:

1) La primera es que la mayoría de los países involucrados tienen sus reservas en dólares, tanto en efectivo como en títulos del tesoro, por lo tanto no pueden hacer caer el precio del dólar de la noche a la mañana, porque ellos mismos saldrían afectados. Esto tiene que ser un proceso que tomará tiempo.

2) Tienen que decidir en qué moneda seguirán negociando el petróleo.

3) Los países de la OPEP tienen una larga historia de incumplimiento de sus compromisos mutuos. No sabemos si pueden mantenerse unidos, mientras logren su objetivo de enterrar el petrodólar.

4) Los Estados Unidos pueden sacar un as de debajo de la manga para proteger su moneda, así como lo hicieron en 1973 con el nacimiento del petrodólar.

Mientras el caso del dólar y la OPEP tiene un desenlace, otras amenazas aún más fuertes se ciernen sobre el sistema monetario actual.

Capítulo 6
Las burbujas de la economía global

Para entrarle a este capítulo necesito comenzar por explicar un concepto fundamental que probablemente muchos de los lectores ya conocen. Me refiero a la administración financiera de los estados.

-¿De dónde sacan dinero los gobiernos para cubrir sus inmensos gastos?

Los gobiernos cuentan básicamente con cuatro fuentes de ingresos:

1. Los impuestos en sus diferentes matices de renta, patrimonio, IVA, etc.
2. Ingreso de renta por algunas actividades económicas, como la explotación petrolera estatal y el cobro de los servicios que presta a los ciudadanos.
3. Préstamos que adquiere tanto de sus ciudadanos como del exterior.
4. Expansión monetaria (emisión de moneda sin respaldo).

Como los renglones primero y segundo están lejos de ser suficientes para cubrir todos los gastos, los estados deben acudir a pedir prestado. El problema es que tienen que pagar intereses por los préstamos, lo cual obviamente aumenta la columna de los egresos.

Mientras tanto los gastos siguen subiendo y los estados siguen pidiendo prestado.

A la larga pueden llegar a un punto en el cual los acreedores no quieren prestarles más, y entonces deben acudir a producir dinero de la nada, poniendo a funcionar las imprentas de los bancos centrales para aumentar el volumen de moneda fiduciaria.

La situación es similar a la de una familia que no alcanza a cubrir los gastos con lo que gana, y comienza a utilizar la tarjeta de crédito, con la consecuencia de que los intereses aumentan los gastos. Si la familia sigue pidiendo prestado, al cabo del tiempo los intereses terminan por consumir todo el ingreso, la tarjeta es bloqueada y la familia colapsa económicamente. La gran diferencia es que el estado tiene la potestad de producir dinero de la nada, para seguir cubriendo tanto los intereses como los crecientes gastos, mientras que la familia no puede hacerlo.

Pero los estados también tienen un límite, tanto en sus deudas como en el dinero fiduciario que producen, y ese es el punto en el cual se encuentra enfrascada la economía mundial hoy en día.

- **Deuda impagable**

La deuda global supera los $200 billones de dólares; una cifra que se acerca al 300 % del Producto Interno Bruto (PIB) del planeta, una suma abrumadora que tienen los países más endeudados, entre ellos Japón, los Estados Unidos y los países de la Unión Europea. Es decir los dueños de las monedas de reserva.

Los líderes del mundo desarrollado están conscientes de que la deuda es impagable por los métodos convencionales, hasta el punto de que el presidente de los Estados Unidos, Donald Trump, insinuó, en algún momento de su campaña, que su país podría entrar en incumplimiento. Luego se retractó explicando que los Estados Unidos nunca dejarán de pagar porque «son los que imprimen el dinero».

Cualquiera de las dos alternativas conduce hacia igual destino: la pérdida de confianza, no solo en el dólar, sino en el euro, el yen, la libra esterlina y, en general, en todo el dinero fiduciario. Al final se llegará a la conclusión lógica de que se necesita una moneda de reserva con respaldo real, y ese respaldo no puede ser otro que el oro.

El tema del incumplimiento general como solución a la deuda ha comenzado a tomar fuerza en los medios académicos. Algunos connotados economistas europeos sugieren que se haga un incumplimiento global controlado. No sé cómo podría funcionar, pero estoy seguro de que este causaría un cataclismo económico de grandes proporciones, el cual, de todas maneras, conduciría hacia la pérdida de confianza en la moneda fiduciaria, y hacia un nuevo sistema monetario.

- **Corriendo la arruga**

La situación que está viviendo hoy en día la economía global es una consecuencia de las medidas que se tomaron para tratar de resolver la crisis de 2008-2009, la cual a su vez se produjo como consecuencia de las medidas que se tomaron para resolver la crisis de principios de siglo. En cada uno de estos casos se produjo recesión económica que fue necesario enfrentar aplicando recetas monetarias para reactivar la economía.

A finales del año 2000, en la búsqueda de estimular la decaída economía, el Banco Central de los Estados Unidos (la Reserva Federal o FED) decidió bajar las tasas de interés desde el 6 % hasta el 1 % anual, con lo cual estaba alentando a los bancos a ofrecer crédito fácil y barato a sus clientes. Por supuesto, muchas personas aprovecharon las bajas tasas de interés para obtener créditos hipotecarios e invertir en inmuebles, haciendo que el sector de la construcción se reactivara y la economía volviese a mostrar crecimiento. En otras palabras, la medicina aplicada por la Reserva Federal (FED) dio sus frutos.

Pero, en la medida en que la economía se recuperaba, los precios de los inmuebles comenzaron a subir, los inversionistas continuaron pidiendo dinero, y los bancos siguieron proveyéndolo a manos llenas. Hasta que se formó la inmensa burbuja hipotecaria que estalló produciendo la crisis económica de 2008 – 2009.

Para resolver la nueva recesión, la Reserva Federal intentó aplicar la misma medicina que en el año 2000, reduciendo las tasas de interés; pero el medicamento no fue suficiente y tuvo que acudir a una nueva receta: El «alivio cuantitativo o expansión cuantitativa».

Expansión monetaria – alivio cuantitativo

Además de las tasas de interés, otra de las herramientas con las que cuentan los bancos centrales para mantener la estabilidad económica de sus respectivos países es la de expandir o contraer la cantidad de dinero que existe en el mercado. Para ello emiten o captan moneda del público, dependiendo de las necesidades del momento.

La expansión monetaria se da cuando la economía está de capa caída y necesita un estímulo para activarse. En esos casos los bancos centrales aumentan la oferta de dinero que hacen llegar a los bancos comerciales para que estos a su vez lo hagan llegar a la gente a través de créditos accesibles. Con ello buscan estimular a la gente a que compre más y genere más demanda a las empresas productoras para que estas a su vez produzcan más y generen más empleo, para que la gente tenga más dinero para comprar más y con ello genere más demanda… ¡Ustedes entienden!

La expansión monetaria es un proceso normal que aplican los bancos centrales y que hasta ahora había funcionado perfectamente. Pero en la crisis de 2008 no fue suficiente, y la Reserva Federal se vio obligada a extremar la expansión monetaria por medio de un programa que llamó «*Quantitative Easing*» (alivio cuantitativo) y otro tanto hicieron los gobiernos europeos y japoneses.

En sentido metafórico se dice que los bancos centrales pusieron a trabajar sus imprentas a toda máquina para generar papel moneda sin respaldo, inundando el mundo de dólares, euros, libras y yenes. Como las monedas no tienen respaldo físico de ninguna naturaleza, cada nuevo billete que sacan deprecia los que ya existen en el mercado.

La abundancia de un producto hace que este pierda valor paulatinamente y eso es lo que está ocurriendo con las monedas: los principales bancos centrales del mundo han producido tan enormes volúmenes de moneda, que ya se ha creado una gigantesca burbuja que, como todas, tarde o temprano terminará por explotar.

Pero lo mostrado en los párrafos anteriores no es nada nuevo. Se trata de una receta que se ha aplicado desde la antigüedad: Atenas utilizaba monedas de oro y plata de alta pureza para su intercambio comercial, pero debido a los altos costos de sus guerras se vieron en la necesidad de acuñar más moneda para pagar a los soldados. Como no tenían suficiente oro y plata, tuvieron que usar nuevas aleaciones con menor contenido de metales preciosos, y con relleno de cobre (el equivalente a producir más papel moneda sin respaldo).

El pueblo ateniense, al darse cuenta del cambio, comenzó a exigir más monedas por sus productos y servicios, lo cual con el tiempo se tradujo en inflación crónica, que a la larga contribuyó a terminar con el predominio de Atenas.

Igual ocurrió con el Imperio romano, el Imperio español, el Imperio británico y otros más. El exceso de producción de moneda sin respaldo siempre ha terminado en caos financiero y derrumbe de los imperios.

Los excesos de moneda fiduciaria están extralimitándose, hasta tal punto que están llevando al mundo a una situación que solo podrá ser manejada a través de un borrón y cuenta nueva, con un sistema monetario global renovado. Y dentro del mismo va a requerirse un activo sólido que respalde las monedas y devuelva la confianza de la gente en sus instituciones financieras.

El candidato que cuenta con las características más apropiadas para servir de respaldo a la nueva moneda es el oro, y para ello tendrán que ajustar su precio de una manera importante, por cuanto el metal existente no será suficiente para satisfacer el volumen de circulante requerido.

También existe la posibilidad de que se use una combinación de oro y plata, lo cual de igual forma haría subir los precios de los dos metales.

- **El problema es global**

El problema al que nos enfrentamos hoy en día no se reduce a un solo país, sino que cobija al mundo entero. Mirando hacia el futuro, lo que vemos no es muy halagador para la economía global: la situación de los países desarrollados, particularmente la de los Estados Unidos, es crítica. Debido al gasto desmedido, que ha tenido que ser cubierto con deuda y moneda fiduciaria, estamos llegando a un punto en donde el 100 % del presupuesto de los países se va a consumir en gastos sociales y pago de intereses de la deuda.

Ante la situación planteada las salidas son contadas:

A) Incumplir la deuda

B) Reducir los gastos sociales

C) Aumentar los impuestos

D) Pagar las deudas y demás gastos con inflación

La primera alternativa es impensable, la segunda tendría un costo político inimaginable, la tercera tampoco parece probable, por lo menos en los Estados Unidos, en donde el nuevo presidente ha prometido reducir los impuestos. Solamente nos queda la última alternativa: inflación.

En los Estados Unidos, particularmente, el tema de la próxima inflación parece bastante evidente, de acuerdo con algunos destacados economistas:

La desmedida emisión de dinero generada con los programas de alivio cuantitativo para rescatar al sistema financiero de la crisis de 2008-2009, sumada a la enorme cantidad que empezará a retornar al país, en la medida en que sus acreedores avancen en su proceso de deshacerse de los dólares, y que los bancos centrales de todo el mundo hagan otro tanto para adaptarse a la nueva realidad de las monedas de reserva y reemplacen los dólares por renminbis (yuanes) o DEG, los Estados Unidos se verán inundados con su propia moneda.

Mientras esto sucede, los medios se encargarán de enterar al público de la amenaza que se cierne sobre su vida diaria, y será como una profecía anunciada: poco a poco los ciudadanos irán haciéndose conscientes de la situación y tratarán de deshacerse de los dólares, incrementando las compras y acelerando la rotación del dinero; con lo cual se logrará la ansiada reactivación económica.

En un principio este comportamiento será bien recibido por las autoridades financieras, por cuanto eso era lo que estaba buscándose desde tiempo atrás; pero paulatinamente esa gigantesca masa de dinero, unida al cambio de comportamiento de la gente hacia el gasto, puede desembocar en una hiperinflación.

Cualquiera de los casos mencionados: la burbuja del papel moneda o la burbuja de la deuda, ya serían suficientes para obligarnos a renovar el sistema financiero internacional.

Pero hay más: mientras lo anterior ocurre en los Estados Unidos, los europeos y los japoneses han iniciado una nueva y peligrosa aventura: El NIRP.

▪ Las tasas de interés negativas (NIRP)

Una vez que se hace patente que la receta del alivio cuantitativo (impresión masiva de dinero) no ha funcionado para reactivar la economía, los bancos centrales emprenden un nuevo ensayo: El NIRP.

-¿Qué es NIRP?

-NIRP es un acrónimo acuñado recientemente en los mercados globales, que responde a la frase «*Negative Interest-Rate Policy*» (Política de Tasas de Interés Negativas). El mismo hace referencia a una nueva estrategia que están probando algunos estados en un intento por reactivar la economía. De acuerdo con la misma, los deudores dejan de pagar intereses y, por el contrario, son los acreedores quienes deben pagar a los deudores. De igual manera los bancos no pagarán intereses sobre las cuentas de ahorro de los clientes, sino que les cobrarán por tenerles su dinero.

Los primeros países en implementar el NIRP fueron Suecia, Suiza, Dinamarca y Japón. Siguió luego el Banco Central Europeo.

Cuatro son las principales metas de los bancos centrales que han asumido la política del NIRP:

1. Reducir los intereses de los préstamos que requiere el sector productivo, con lo cual las empresas mejorarán su rentabilidad, crecerán y generarán más empleo.

2. Debilitar la moneda local con el fin de hacer que los productos sean más competitivos en los mercados internacionales.

3. Estimular la inflación, con lo cual las empresas pueden mejorar sus márgenes de utilidad, crecer y generar más empleo. El dinero estancado en los bancos no genera demanda de bienes y servicios. La baja demanda produce deflación, la cual a su vez genera desempleo.

4. Presionar a los ahorristas para que se conviertan en actores activos de la economía, gastando más o invirtiendo su dinero, en lugar de dejarlo aparcado en una cuenta de ahorros.

Algunos analistas catalogan esta estrategia como «el más aterrador experimento monetario que el mundo ha visto jamás». Es algo que no tiene precedentes y, por lo tanto, los resultados son desconocidos. La teoría económica anticipa que sus probabilidades de éxito son muy limitadas.

Warren Buffet, el más exitoso inversionista de todos los tiempos, comentó: «*Es un mundo diferente... es mejor poner el dinero bajo el colchón que en un banco*».

Por supuesto, es mejor poner el dinero en un activo que conserve su valor en el tiempo. Es un ambiente muy propicio para el oro, y cuando los ahorradores se den cuenta de ello la demanda sacudirá el mercado.

- **¿Hay alguna forma de evitar el NIRP?**

El hecho de que las autoridades de los bancos centrales de Europa y Japón se hayan decidido por esta solución, sin tener pruebas de que funcione, demuestra que se les han agotado las opciones.

No es lógico pensar que estuviesen jugando con la economía global con un test de error y acierto, si tuviesen otras alternativas.

Por su parte los responsables de la Reserva Federal parecen estar aguantando para ver los resultados de los otros países, mientras tratan de convencer a sus ciudadanos y al mundo de que su economía está boyante, hasta el punto de que pueden aumentar los intereses.

Sin embargo este juego también les puede resultar contraproducente, por cuanto fortalecerá al dólar contra las monedas de sus principales socios (competidores) comerciales, lo cual puede afectar seriamente su balanza comercial.

Por otra parte, las amenazas contra el dólar se multiplican.

Capítulo 7
Hacia un nuevo SMI

- **EE. UU. pierde poder dentro del FMI**

A finales de 2015 el FMI adoptó la decisión de incorporar el renminbi o yuan de China a su canasta de monedas de reserva. La canasta está conformada por las cinco monedas más fuertes del mundo, pero el renminbi no había sido tomado en cuenta por cuestiones políticas.

Una vez que China implementó las reformas exigidas por la organización, el directorio no tuvo otra alternativa que aceptar su moneda como parte de la cesta.

Las ponderaciones respectivas quedaron como sigue: dólar 41.73 % (antes, 41.9 %); euro, 30,93 % (antes 37.4 %); renminbi, 10,92 % (antes 0 %); yen, 8,33 % (antes, 9.4 %); y libra, 8,09 % (antes, 11.3 %).

Si bien la pérdida de poder de los Estados Unidos dentro del fondo fue minúscula, dado que el dólar fue el que menos tuvo que ceder espacio para anidar a la nueva moneda, este hecho tiene un significado importante por cuanto, a pesar de su derecho de veto, se vio forzado a aceptar la decisión de los demás miembros.

La inclusión del renminbi en la canasta de monedas de reserva se hizo efectiva el 1.° de octubre de 2016.

En otro evento ocurrido también a finales de 2015, el congreso de los Estados Unidos se vio obligado a sancionar una modificación de cuotas que el FMI había aprobado a finales de 2010.

-¿Por qué el congreso demoró cinco años en darle luz verde?

Porque la reforma contemplaba la reducción de cuota de poder de los Estados Unidos en el directorio de la institución y, a pesar de que la reducción era mínima y no le quitaba el poder de voto en el seno de la organización, tenía que reconocer la influencia que tanto China como otros países emergentes estaban teniendo en la economía global, y su derecho a tener una mayor participación.

Estados Unidos es el único país, de los 189 miembros de FMI, que ha tenido poder de veto sobre las principales decisiones del fondo. Ello es así porque las votaciones importantes requieren un 85 % de aceptación, y los Estados Unidos tienen más del 15 % de poder de voto. Un poder que se ha mantenido inamovible desde el nacimiento de la institución en 1945, pero que comenzó a tambalearse a finales de 2015.

- **El resto del mundo contra el dólar**

El sistema monetario actual está basado sobre dinero fiduciario o papel moneda sin respaldo.

Durante los últimos 45 años, el mundo económico ha girado alrededor de un sistema monetario creado por decreto del presidente Nixon, en un momento en el que los Estados Unidos disponían de la fortaleza financiera para imponerlo.

En ese entonces el país del norte era la indiscutible primera economía del mundo, disfrutaba de una deuda pública moderada y tenía bajo control el comercio internacional del petróleo, a través de su alianza con Arabia Saudita.

Con los países europeos y Japón aún recuperándose de las heridas de la guerra, y Rusia y China envueltos en el ensayo utópico del comunismo, ninguna nación estaba en capacidad de hacerle sombra.

Hoy en día las cosas han cambiado: ya no es el principal motor de la economía global, su deuda pública ha superado todos los límites, su autosuficiencia petrolera está dando al traste con el petrodólar, y ahora sí hay una nación con la capacidad suficiente para destronar la supremacía del dólar... y está haciéndolo concienzudamente.

China no pretende imponerle al resto del mundo su moneda porque sabe que es una tarea demasiado compleja, en la cual encontrará mucha resistencia. Está haciendo algo más inteligente: está promoviendo una coalición de «todos contra la hegemonía del dólar», y está logrando adeptos rápidamente, porque ninguna nación está satisfecha con la situación actual.

Parece que China está haciendo realidad las palabras de De Gaulle: «*Consideramos necesario que el comercio internacional se establezca sobre una base monetaria indiscutible, que no lleve la marca de ningún país en particular. La verdad es que no puedo imaginar cómo uno podría realmente tener un estándar distinto al oro*».

Con el ingreso del renminbi a la canasta de monedas de reserva en el FMI, China está avanzando en su plan de destronar al dólar y establecer un nuevo sistema monetario basado en el DEG. Probablemente su siguiente paso consistirá en intentar reemplazar el dólar por el renminbi como la principal moneda de reserva, y neutralizar el derecho de veto de los Estados Unidos.

La confrontación que sigue se dará dentro del FMI.

De acuerdo con Jim Rickards, es muy probable que el grupo de países BRICS (Brasil, Rusia, India, China y Suráfrica) actúe como bloque dentro de la organización, para lograr un derecho de veto similar al de los Estados Unidos. Entre los cinco ya superan el 15 % de poder de voto necesario para poder vetar las propuestas más importantes del fondo.

Con el poder de veto, el grupo BRICS estaría también en condiciones de imponer sus reglas dentro de la organización. Esto, por supuesto, debilitaría la posición del país del norte que, por ahora, es el único que goza de este privilegio.

- **Los bancos centrales se preparan para el cambio**

Los principales bancos centrales del mundo están acumulando oro, en preparación para el posible cambio del sistema monetario, y lo mantendrán hasta que haya una definición clara al respecto.

Antes de 1972, cuando el oro se utilizaba como respaldo de la moneda, los bancos centrales solían ser compradores permanentes de oro con el fin de fortalecer sus reservas monetarias.

A partir de 1971, cuando el dólar reemplazó al oro como la moneda fundamental de reserva, los bancos dejaron de comprar y se mantuvieron a la expectativa.

En la década de 1990 los bancos sintieron que el oro ya no hacía falta y comenzaron a vender sus reservas, inundando el mercado y haciendo bajar el precio hasta el punto de poner en riesgo la industria minera; debido a ello, en 1999 llegaron a un acuerdo para limitar sus ventas, lo cual permitió una ligera recuperación de los precios.

Después de 2009, con el inicio del llamado alivio cuantitativo, mediante el cual los bancos centrales de los Estados Unidos, la Unión Europea, Japón e Inglaterra comenzaron a inundar el mundo de papel moneda fiduciario, volvió la desconfianza sobre el actual sistema monetario, y los bancos centrales volvieron a ser compradores de oro.

En años recientes era fácil comprar oro en los bancos centrales de los países, pero hoy en día esa facilidad ha ido desapareciendo.

El oro físico tiende a desaparecer de los mercados

En la actualidad, cuando una onza de oro entra a la bóveda de un banco central, ese oro desaparece del mercado. El destino del oro comprado por los bancos centrales es el de ser almacenado como reserva para respaldar las monedas, por lo tanto no va estar disponible... Está saliendo de circulación y no va a responder a la demanda. ¡El oro físico está desapareciendo! China, India, Rusia y Turquía han sido los mayores compradores.

En los próximos años comenzará a hacerse cada vez más difícil comprar oro físico. Es probable que la generación que hoy está naciendo no tenga oportunidad de adquirirlo en barras o lingotes, sino solamente como joyas y monedas de colección. El oro en lingotes y barras permanecerá almacenado en las bóvedas de los bancos centrales y algunas particulares.

- **El DEG, el más probable reemplazo del dólar**

En la actualidad nos encontramos viviendo el cierre de un ciclo de Sistema Monetario Internacional dominado por los Estados Unidos y el dólar, que seguramente alcanzará el medio siglo de duración, o menos, si el grupo de países BRICS actúa como bloque dentro del FMI, y logra nuevas adhesiones que le permitan tener una mayoría aplastante que logre neutralizar el derecho de veto de los Estados Unidos.

El dólar irá perdiendo influencia global paulatinamente, y será reemplazado por una nueva moneda que, muy probablemente, será el DEG, con una denominación más apropiada. Estamos viviendo la historia de la renovación del Sistema Monetario Internacional; un evento que, posiblemente, pasará desapercibido por la gran mayoría de la población mundial, puesto que no se percatarán de la pérdida de poder del dólar y probablemente nunca verán un billete de un DEG, puesto que no habrá necesidad de producirlos físicamente.

- **La tecnología *"blockchain"* (cadena de bloques)**

La nueva tecnología *"blockchain"* que apareció en el mercado en 2009 y cuyo principal exponente es el bitcoin, tiende a abrirse paso en el mundo financiero para entrar a formar parte del nuevo SMI.

El FMI y algunos grandes bancos del mundo ya se han interesado en la nueva tecnología, y es posible que la involucren en sus operaciones.

El bitcoin, en su forma actual, no tiene cabida en el nuevo sistema por su falta de soporte, tanto oficial como material.

Cualquiera que sea la nueva moneda de referencia tendrá que ser respaldada por las autoridades financieras globales, y por un activo real, que posiblemente será el oro.

Por ahora no existe relación entre el DEG y el bitcoin, pero dado el interés que el FMI ha mostrado en la nueva tecnología, es posible que al final del camino podamos encontrarnos con un DEG respaldado por oro, y que haga uso de la tecnología *"blockchain"*.

También sería posible que las autoridades del FMI decidieran asignarle el nombre de «Bitcoin» a la nueva moneda de referencia, por cuanto este tiene mucho más agarre que DEG o «Derechos Especiales de Giro». Sería una manera de rendirles homenaje a los creadores de la fantástica tecnología «*blockchain*».

Pero ese nuevo bitcoin tendría muy poco que ver con el actual.

Capítulo 8
China quiere liderar el juego

China advierte a Trump que su relación con Taiwán «tendrá consecuencias».

«Un simple anuncio de China podría enviar los precios del oro a la estratosfera». Este fue el comentario del geólogo y especialista en el mercado del oro, Mat Badialli, analista de *Stansberry & Associates Investment Research,* después de una profunda investigación sobre el rol que juega China en el mercado del oro.

Se trata de un anuncio que China se ha cuidado muy bien de hacer, todavía, porque, si bien afecta a los Estados Unidos, también afectaría su propia economía. Pero China ha estado preparándose desde hace muchos años para hacer su anuncio, y lo hará en el momento adecuado, cuando las condiciones económicas se lo permitan…, pero podría hacerlo antes por motivos políticos, olvidándose del daño que pueda causar a su propia economía.

La reciente amenaza china como respuesta a la conversación telefónica que Trump sostuvo con la presidenta de Taiwan, Tsai Ing-wen, así lo indica:

El diario ABC de España publica las declaraciones de Geng Shuang, portavoz del Ministerio de Exteriores de China: *«La cuestión de Taiwán tiene mucho peso en la soberanía de China y en su integridad territorial, y es uno de los principales intereses de China»,* añadiendo que *«si el statu quo que ha mandado en las relaciones diplomáticas entre Washington y Pekín se ve comprometido o interrumpido, el crecimiento estable de las relaciones entre China y EE. UU. no es posible. Ello también afecta la paz, la estabilidad y la prosperidad de Asia-Pacífico y del mundo».*

Según ABC, mucho más agresivo fue el diario estatal chino «Global Times», un tabloide de corte nacionalista, que advirtió en un editorial que si Trump abandona la política de «*una sola China*», Pekín no tendría motivos para «*anteponer la paz al uso de la fuerza*».

Parece que el mensaje le llegó claro al presidente Trump, por cuanto unos días más tarde, durante una conversación con su homólogo chino, acordó honrar la política de "una China".

Pero aún quedan pendientes muchos temas; entre otros el del mar de China, sobre el cual el país asiático también ha respondido de manera determinante que está dispuesta a defender su soberanía.

La rápida ascensión de China en el terreno económico ha creado una fuerte competencia contra las potencias tradicionales.

▪ Un poco de historia para comenzar

El extraordinario desarrollo económico de China se inició en 1978 con lo que podría llamarse «El comunismo capitalista o el capitalismo comunista».

Frustrados con el fracaso del sistema comunista, pero sin querer dejar el poder, los gobernantes de turno del gigante asiático decidieron comenzar una apertura hacia el capitalismo. Para ello hicieron una reforma estimulando a su gente a producir más con la promesa de dejarles vender sus productos en el mercado abierto y disfrutar de las ganancias. Esta medida, por supuesto, incentivó la creatividad de los emprendedores que muy pronto comenzaron a crear empresas altamente productivas, financiadas por el estado. Vino luego la apertura internacional y la llegada de empresas extranjeras deseosas de aprovechar el bajo costo de la mano de obra.

En el ambiente internacional, China comenzó a exportar y a inundar los mercados, compitiendo con precios muy atractivos para los importadores. Poco a poco China fue transformándose en una potencia económica global, pero con una característica particular para el beneficio de su gobierno central: los exportadores tenían derecho a vender sus productos en el exterior, pero no a mantener los dólares provenientes de sus exportaciones.

Tan pronto llegaba el dinero al país, el BPOC (Banco Popular de China) los cambiaba, les entregaba a los exportadores el equivalente en renminbis, y se quedaba con los dólares. Esta medida hizo que acumulase cantidades enormes de moneda extranjera que comenzó a invertir en préstamos a los deudores más fiables del momento: los Estados Unidos y la Unión Europea.

Para 2014 se estimaba esta cantidad en 3.7 billones de dólares, más de la mitad de los cuales estaba en los Estados Unidos.

La solución que tanto el gobierno de los Estados Unidos como la Unión Europea le han dado a la crisis de 2008-2009, reduciendo las tasas de interés prácticamente a cero y poniendo en riesgo el valor de sus monedas con la emisión de cantidades ingentes de dinero sin respaldo, hacen que las autoridades chinas se pongan nerviosas y comiencen a deshacerse de las monedas que están perdiendo valor.

- **La estrategia china**

China ha estado preparándose, desde hace muchos años, para desbancar al dólar como moneda predominante. Se trata de una guerra monetaria declarada públicamente. Un importante banquero chino dijo recientemente que su país estaba completamente preparado para asumirla. El plan chino puede resumirse en los siguientes pasos:

- Recuperar los 3,7 billones de dólares que le adeudan los Estados Unidos y la Unión Europea.
- Lograr acuerdos con otros países para eliminar el dólar en sus transacciones comerciales.
- Acumular las mayores reservas de oro del mundo para respaldar su moneda.
- Ubicar el renminbi como la moneda predominante en la canasta del FMI.
- Neutralizar el poder de veto de los Estados Unidos en el seno del FMI.
- Imponer el DEG como la moneda del nuevo Sistema Monetario Internacional.

- **China está de compras por todo el mundo**

Para lograr el primer paso, China tiene que recuperar los cerca de 3.7 billones de dólares que tiene representados en títulos de deuda de los Estados Unidos y Europa, principalmente; pero no puede salir al mercado a venderlos precipitadamente porque haría caer los precios, afectándose a sí misma, por lo cual está siguiendo una estrategia que consiste en convertir esa inmensa masa de dinero en activos reales. Por ello, desde hace varios años, los chinos se encuentran —felices ellos— de compras por todo el mundo:

Para comenzar, montaron una oficina en la Quinta Avenida de Nueva York con el propósito de invertir en bienes raíces y otros activos estadounidenses.

A través de su oficina han adquirido, entre otros, el icónico «1 Chase Manhattan Plaza» en Nueva York, donde David Rockefeller una vez dirigió Chase Manhattan Bank; Smithfield Foods, el mayor procesador de cerdo del planeta, por 7.000 millones de dólares; compró 16 hoteles de lujo por 6.500 millones de dólares; pagó a Google 2.500 millones de dólares por la división de móviles de Motorola; etc.

En Alemania están comprando firmas seleccionadas, para acceder a su tecnología. En Francia adquirió una participación de PSA Peugeot-Citroën. En España están haciéndose dueños de activos en diferentes sectores, como el turístico, con la adquisición de una parte de la cadena de hoteles NH y de Air Europa.

En América Latina, China invierte con fuerza en el sector energético y de infraestructuras en Brasil, lideran el plan de construcción de un canal interoceánico que cruzará Nicaragua, invierte en una línea ferroviaria transamazónica de Brasil a

Perú, así como en otra a través de los Andes, de Argentina a Chile, para conectar el Atlántico y el Pacífico; ha adquirido licencias de explotación en el norte del Golfo de México, a pocos kilómetros de la frontera marítima entre México y Estados Unidos.

En Venezuela prácticamente está comprando el país entero.

Dentro de la preponderancia que el país asiático desea adquirir, no escapa el mundo deportivo. Una de sus metas es la de ganar un mundial de fútbol, para lo cual están preparando a sus jugadores haciéndolos actuar con la crema y nata del fútbol mundial. Para ello están contratando a los mejores jugadores, sin ningún tipo de restricciones económicas.

Según información reciente, están ofreciendo $600 millones de dólares para llevar a Messi a uno de sus equipos, y una cifra cercana por los servicios de Cristiano Ronaldo. Han adquirido además una participación importante del equipo Atlético de Madrid.

Por supuesto, como parte de su estrategia, China está adquiriendo todo el oro que puede. Pero con disimulo, para no hacer que los precios suban antes de haber acumulado el volumen que necesita para fortalecer su posición dentro del FMI.

- **China está firmando acuerdos con otros países para eliminar el dólar en sus transacciones comerciales**

Hasta finales de 2016 China había firmado acuerdos para eliminar el dólar en sus transacciones comerciales con 40 países: Dinamarca, Hungría, México, Brasil, Noruega, Polonia, Suecia, Turquía, Singapur, Malasia, Qatar, Egipto, Canadá, Rusia y Arabia Saudita, entre ellos.

Los acuerdos con Rusia y Arabia Saudita merecen especial atención por la trascendencia que pueden tener en la muerte del petrodólar. Detrás de estos vendrán nuevos acuerdos con otros países petroleros, con la mira puesta en minimizar la intervención del dólar en las transacciones petroleras en el mundo, con lo cual le estarán quitando un soporte importante a la moneda estadounidense.

- **China está acaparando el oro para respaldar el renminbi**

El gobierno chino ha estado acumulando cantidades enormes de oro en los últimos años. De conformidad con la ley, todo el oro producido en China debe ser vendido al estado, inclusive el producido por empresas extranjeras. No se permite que ni una sola onza salga del país.

Adicionalmente compra enormes cantidades de oro de diferentes fuentes, pero mantiene estas adquisiciones en secreto. Lo hace por dos motivos: el primero es que podría hacer aumentar los precios, lo cual no le conviene (por ahora), por cuanto afectaría el valor de sus compras futuras. El segundo es que afectaría el precio del dólar y el euro, dañando el valor de sus propias reservas en esas monedas.

En 2009 China reveló que tenía reservas en oro por 1.054 toneladas. Desde ese entonces produce cerca de 400 toneladas al año e importa otro tanto. Sin embargo, en 2015 reportó que sus reservas habían aumentado tan solo a 1.600 toneladas. Por supuesto nadie cree en esa cifra.

Según estimaciones de Jim Rickards, las reservas de oro de China deben ser superiores a las 5.000 toneladas. Pero China no solo está comprando oro, sino que está apropiándose, parcial o totalmente, de todas las minas de ese mineral que puede haber alrededor del mundo: adquirió la minera canadiense *Mundoro Mining*, está en negociaciones para adquirir la mina *Platreef* en Suráfrica; en 2012 compró una participación de control en *Focus Minerals* de Australia. También adquirió la minera australiana *Norton Gold Fields*, y tomó una participación del 60 % en *Altynken LLC* en 2011. Y está tratando de adquirir *Iamgold (IAG)*, uno de los mayores productores de oro en el mundo. En América Latina adquirió la concesión de la mina Las Cristinas en Venezuela, con reservas probadas de cerca de 1.000 toneladas.

Por otra parte, está adquiriendo cientos de miles de acciones de las mineras más grandes del mundo: *Anglogold Ashanti*: 100.000 acciones, *Kinross Gold Corp*: 250.000, *Gold fields Ltd*: 350.000, *Teck Resources*: 101 millones, y otras en *Long Province*, *Gold Eagle Minería* y *Oro Inter-Citic*.

Estoy seguro de que la gran mayoría de los lectores desconoce los nombres mencionados anteriormente. Los traigo a colación solamente para dar una muestra de cómo China está tratando de monopolizar el oro en el mundo. Con ello fortalecerá su moneda.

Como si fuera poco, el país de la gran muralla está creando una gigantesca reserva de oro a través de sus ciudadanos. En

2002 abrió la venta de oro a sus habitantes. No solo les dio permiso para adquirir oro, sino que los alentó a hacerlo a través de amplias campañas gubernamentales. El metal comenzó a venderse en barras y lingotes tanto en bancos como en otros negocios.

Los conocedores del tema aseguran que eso es parte de la estrategia china para aumentar sus reservas sin tener que reportarlas. Con el correr de los años la población china podrá tener varios miles de toneladas que irán a sumarse a las que tiene el Banco Popular de China en sus bóvedas. Así como el gobierno autorizó a sus ciudadanos para comprar oro, en caso de necesidad puede recomprarlo al precio que quiera, o simplemente decomisarlo. Sin embargo es muy posible que esa medida no sea necesaria. El resto del mundo sabe que el estado chino está en capacidad de hacerlo y, por lo tanto, puede aceptarlo como parte de las reservas del país.

Según podemos leer en un reporte de Cassey Research, una conocida firma de investigación de mercados, el país podría tener cerca de 30.000 toneladas de oro.

- **China tratará de posicionar el renminbi como la moneda predominante en el FMI**

Después de muchos años de estar buscándolo, el 1.º de octubre de 2016 China logró que el renminbi fuese incluido como parte de la canasta de monedas de reserva del FMI, lo cual significa que ha entrado a formar parte del DEG, el posible reemplazo del dólar como moneda de transacciones internacionales.

El siguiente paso será el de tratar de desbancar al dólar como el principal componente DEG, y está haciendo méritos para conseguirlo: ya se ubicó como la segunda economía del mundo, y es de esperarse que en los próximos años cumpla con los requisitos para reclamar una mayor participación. Los principales criterios son el volumen de exportaciones y que la moneda sea de libre uso.

El gigante asiático está progresando en los dos sentidos, mientras que los Estados Unidos están perdiendo terreno. Si además de lo anterior respalda el renminbi con oro, entonces no hay duda alguna de que logrará este objetivo.

- **China intentará neutralizar el poder de veto de los EE. UU. en el FMI**

Pero aun si el país asiático lograra convertir el renminbi en la primera moneda dentro de la canasta del FMI, todavía le quedaría un fuerte obstáculo por derribar.

Los Estados Unidos han mantenido el poder de veto a las decisiones importantes de la institución, desde su creación en 1944. Por lo cual una decisión tan trascendental como cambiar el dólar por el DEG será vetada por el gigante de América, mientras mantenga ese poder.

La única forma de derribar esa barrera es neutralizando el poder de veto. Por supuesto no será una tarea fácil, y lograrlo puede tomar un gran esfuerzo. Sin embargo China tiene a su favor el respaldo del resto del grupo de los países BRICS; si logran actuar como bloque alcanzarán un poder de veto similar al de los Estados Unidos, y entonces estarán en igualdad de condiciones para negociar.

La transición hacia el nuevo sistema puede ser larga y posiblemente dolorosa para la economía mundial. El oro jugará un rol determinante.

▪ Pero... China no las tiene todas consigo

Según algunas publicaciones, el sorprendente crecimiento chino ha sido ficticio en un alto porcentaje, con la construcción de gigantescas ciudades fantasmas sin habitantes, enormes puentes sobre ríos inexistentes y monumentales obras de infraestructura que se construían para ser derribadas y reconstruidas. Todo ello con el fin de mantener el apoyo de su población, generando empleo, riqueza y, al final, sensación de bienestar. Pero esto ha hecho que ahora se encuentre al frente de una gran burbuja crediticia que puede estallar en cualquier momento.

En una versión de primera mano, Jim Rickards, el editor de *Strategic Intelligence*, cuenta la experiencia que vivió en un reciente viaje a China, invitado por un grupo de empresarios, para participar como panelista en un foro económico:

«Mi viaje de 300 kilómetros entre Shanghai y Nanjing» –relata Rickards- *«lo realicé en una de las nuevas líneas de ferrocarril de alta velocidad. El mejor tren del mundo. Viaja a 200 kilómetros por hora y es silencioso. Me acomodaron en un asiento en la clase ejecutiva, similar, pero mejor que la primera clase de las aerolíneas.*

Las estaciones del tren en ambas ciudades son espaciosas, limpias y eficientes, más confortables inclusive que algunos de los aeropuertos más modernos del mundo. Lo mejor de todo es que el billete es muy barato. Solo cuesta 429.50 yuanes (equivalente a 62 dólares aproximadamente). Un viaje equivalente en los Estados Unidos costaría 400 dólares, con un servicio muy inferior.

Mientras disfrutaba del viaje, una idea cruzó mi mente: ¿Cómo una empresa puede ser rentable cobrando solamente 62 dólares para amortizar una inversión que costó varios miles de millones de dólares? La respuesta es que no se puede. Es por ello que la empresa estatal China Railway Corporation está perdiendo mil millones de dólares al año, y como esta existen otras muchas empresas estatales que también pierden miles de millones de dólares anualmente».

«En varias visitas a China he visto las llamadas 'ciudades fantasmas' que se extienden hasta el horizonte, completamente vacías de residentes y empresas. He hablado con algunos propietarios de negocios que ocupan oficinas en estas ciudades fantasmas. La mayoría de ellos no pagan arriendo y están allí sólo para hacer ver que los edificios están parcialmente ocupados. Con ellos tratan de estimular a otros empresarios para que vengan a llenar los espacios vacíos».

En China se realizaron grandes construcciones con deuda. Esta fue financiada por los bancos por órdenes del gobierno. Dado que los edificios de la ciudad fantasma no tienen inquilinos, y los billetes de tren están fuertemente subvencionados, no hay forma de que la deuda pueda ser reembolsada.

En cambio se hacen nuevos préstamos para pagar intereses, en un esquema Ponzi, considerado por algunos como el más grande del mundo. Recordarán el sistema Ponzi en el cual los intereses se pagan con dinero proveniente de otros préstamos... que a su vez generan más intereses... que se pagan con nuevos *préstamos… que generan intereses que a su vez… Por supuesto, en algún momento los nuevos préstamos no serán suficientes para los intereses, y el sistema colapsará.*

La situación es similar a la de la crisis de las hipotecas de 2008 en los Estados Unidos, pero peor, por cuanto la magnitud de la deuda es mucho mayor».

Capítulo 9
La respuesta de EE. UU. ante el ataque contra el dólar

Algunos medios sugieren que las autoridades de los Estados Unidos no están preocupadas por la amenaza china, debido a que ellos consideran que la economía de los chinos puede colapsar antes de que sea capaz de hacerles daño.

Los comentarios desafiantes de Trump también muestran que el nuevo presidente se siente con suficiente poder como para controlar al gigante asiático con medidas comerciales más duras, tales como subir aranceles al 45 % sobre productos que provengan de ese país.

De todas maneras el sistema monetario impuesto por los Estados Unidos aún parece estar lejos de ser derrotado. Las autoridades estadounidenses ya han demostrado en varias ocasiones que saben cómo afrontar y superar obstáculos exitosamente.

- **Un poco de historia (el Continental)**

La historia de la moneda de los Estados Unidos es una de crisis y soluciones magistrales, así que no sería de extrañar que nuevamente el país del norte sacase un as de debajo de la manga con el cual neutralice las amenazas que se ciernen sobre su moneda.

No es la primera vez que los Estados Unidos imprimen dinero fiduciario sin control para resolver sus problemas. Ya lo hicieron durante su nacimiento como nación soberana.

- **De cómo el magistral Ben y los demás próceres financiaron la independencia**

Cuenta la historia que en 1751 Benjamín Franklin, durante un viaje a Inglaterra, adquirió la mejor imprenta que encontró en ese país y la importó a los Estados Unidos.

Por ese entonces ya estaba gestándose el proceso de liberación, y los líderes se encontraban escasos de fondos para ponerlo en marcha; así que el hábil Benjamín y sus colegas decidieron comenzar a emitir una moneda propia que llamaron "Continental", con la cual sufragaron todos los gastos de la Guerra de Independencia.

Por supuesto, los altos costos del conflicto requirieron una impresión masiva de billetes (como ahora), con lo cual inundaron al país de "continentales", hasta tal punto que hicieron que la moneda perdiera todo su valor.

Llegó un momento en el cual los soldados ya no lo aceptaban como pago, porque el exceso de papel impreso había desatado una inflación de tal magnitud que se necesitaban toneladas de papel moneda para comprar un pedazo de pan.

- **El nacimiento del dólar**

Para resolver la situación tuvieron que buscar otra moneda que les permitiese volver a comenzar, y como los soldados no estaban dispuestos a aceptar papeles sin respaldo, decidieron adoptar el "Thaler", una moneda respetada y aceptada en Europa, por cuanto estaba respaldada por su peso en plata, lo cual les ayudaría a evitar excederse en la impresión de billetes. La fonética inglesa hizo que poco a poco la denominación original se cambiase de "thaler" a "dáler" y más tarde a "dólar".

La nueva moneda no ayudó mucho al principio, debido a que no se tenía una entidad central que coordinase la impresión de dólares para todo el país, lo cual causó una situación de anarquía en donde los mismo bancos locales, tiendas, hoteles y demás negocios, imprimían sus propios billetes.

Bajo esta situación se presentó la guerra de secesión, y el presidente Abraham Lincoln, aprovechando la coyuntura de que necesitaba dinero para financiar el conflicto, decidió centralizar la impresión en el gobierno federal. De esta manera resultó siendo Abraham Lincoln el creador del dólar como moneda nacional, por lo cual se le reconoce como "el padre del dólar".

Años más tarde, hacia comienzos del siglo XX, los Estados Unidos decidieron cambiar el patrón plata por el patrón oro, con el compromiso de mantener disciplina sobre la moneda.

- **Los Estados Unidos nuevamente se exceden con la imprenta**

El término patrón oro significaba que todo el dinero emitido por el gobierno federal debía estar respaldado por oro; de esta manera se evitaría que volviesen a imprimir dinero sin respaldo y sin control.

Pero parece que a las autoridades monetarias se les olvidó llevar las cuentas, y de esta manera, como en los tiempos del continental, comenzaron a imprimir dinero descontroladamente para satisfacer una demanda que no tenía límites.

Ya no se trataba de un conflicto bélico, sino de la euforia que había en el país por las acciones de la bolsa. Todo el mundo quería dinero prestado para adquirir acciones, y el gobierno federal no tenía empacho en satisfacer ese frenesí para mantener feliz a la gente. Hasta que... ocurrió lo que tenía que ocurrir: el exceso de dinero creó una gran burbuja que degeneró en la gran depresión de 1929.

La gente, desesperada ante la pérdida de poder adquisitivo del dólar, acudió a los bancos para cambiar los billetes por oro.

Por supuesto no había oro suficiente para responder a todo el mundo y los bancos se vieron obligados a cerrar... El sistema financiero se derrumbó totalmente. La gente le perdió el respeto al dólar y por un periodo se volvió al sistema del trueque.

La gente no estaba dispuesta a aceptar papel por sus productos. Por supuesto, el oro y la plata eran los bienes más apreciados.

Pero la dicha no les duró mucho a los tenedores de estos preciosos metales, por cuanto una de las medidas del presidente F. D. Roosevelt para resolver la crisis consistió en confiscar todo el oro y la plata que tenían los ciudadanos estadounidenses. Solamente los joyeros, odontólogos y coleccionistas se salvaron de esa medida.

El "precio" de expropiación del oro fue de $20.67/onza. Sin embargo el precio en el mercado internacional estaba alrededor de los $34/onza.

Años más tarde, la Segunda Guerra Mundial vino al rescate de la economía estadounidense. El país se convirtió en el principal proveedor de bienes de los países en conflicto y, más tarde, aprovechando la destrucción de la economía europea, se presentó la coyuntura perfecta para convertir el dólar en la moneda de referencia global.

Vino luego el acuerdo de Bretton Woods, del que ya hablamos anteriormente, y el subsecuente incumplimiento de los EE. UU., oficializando al dólar como la moneda de referencia global, respaldada por el patrón oro.

- **Los Estados Unidos se exceden con la imprenta… ¡por tercera vez!**

Como lo mencionábamos en páginas anteriores, los Estados Unidos, acuciados por los grandes gastos de la Guerra de Vietnam, pusieron a funcionar sus impresoras e incumplieron el trato con los demás países firmantes de Bretton Woods, pero encontraron una salida magistral a través de Arabia Saudita y la OPEP para convertir un dólar sin respaldo en la moneda global, a través del petrodólar.

Con ello se regresó a la época del gran Benjamín, con algunas diferencias: su denominación no es "continental" sino "dólar", su área de influencia ya no se limita a los Estados Unidos sino a todo el mundo, los Estados Unidos ya no son 13 pobres colonias, sino la mayor potencia global; el control de la imprenta ya no está en manos de los próceres, sino de un limitado grupo de hábiles banqueros, que son los dueños legítimos de la Reserva Federal.

- **Los EE. UU. hacen fuerte el dólar debilitando la competencia**

Después de la crisis de 2008, y debido a la impresión masiva que inició la Reserva Federal, se pensó que ahora sí, definitivamente, había llegado el momento de reemplazar el dólar como la moneda de referencia. Pero nuevamente los amigos del norte lograron calmar las aguas de una manera muy inteligente.

Según cuenta Jim Rickards en su libro «The death of Money» (La muerte del dinero), la estrategia que utilizó la FED para neutralizar la pérdida de valor del dólar fue la de presionar a los otros bloques económicos para que hiciesen lo mismo. De esta manera Japón inició su programa "Abenomics", aumentando la impresión de miles de millones de yenes, y otro tanto hicieron el Banco Central Europeo y el Banco de Inglaterra con sus respectivas monedas.

Como resultado de la estrategia, el devaluado dólar se volvió fuerte haciendo que las otras regiones devaluasen aún más sus monedas. Nos encontramos entonces ante el panorama de una competencia global de quién imprime más dinero fiduciario. Lo cual posiblemente nos conducirá a una hiperinflación... ¡pero no todavía!

El gran problema es que esa inmensa masa de dinero no ha dado el resultado esperado de expandir la economía, y a los genios económicos se les agotan las ideas, por lo cual nos encontramos hoy ante un nuevo ensayo: el de los intereses negativos que ya están haciendo popular el acrónimo "NIRP" (*Negative Interest Rates Policy*), del cual hablamos anteriormente.

- **Otras estrategias de los Estados Unidos**

Hasta ahora el gobierno de los Estados Unidos ha respondido a los ataques contra el dólar con diferentes estrategias: a) retaliación contra el FMI por poner el tema sobre la mesa, b) manipulación del precio del oro, c) insuflación de aire al mercado de valores, d) aumento de las tasas de interés, etc. En otras palabras, tratando de mostrar que todo está bajo control.

Las anteriores han sido las respuestas de la era Obama, un hombre asentado y diplomático. Ahora nos encontramos ante un Trump que todavía piensa que la serie mundial que se juega solamente en los Estados Unidos es realmente mundial y que parece que no se ha dado cuenta de que los tiempos han cambiado. Él anhela volver a la época de los Estados Unidos hegemónicos de los años 50.

El problema con el que va a encontrarse es que en aquella época no existían ni China ni la Unión Europea.

Lo más preocupante es que dado su carácter despótico, al sentirse frustrado por no poder imponer su voluntad por los medios financieros, quiera entrar en el área de la confrontación y trate de imponerse con las armas; lo cual serían muy malas noticias para el mundo. En ese caso, tendríamos que decir como el párroco del cuento: "De ocurrir eso... ¡nos jodemos todos!".

Por lo pronto, el nuevo gobierno quiere reforzar su balanza comercial. Esa parece ser la intención del presidente Trump con su anuncio de querer fortalecer la producción nacional e imponer restricciones a las importaciones de productos, particularmente de China y México.

Asumo que esto tiene que ver con su preparación para el cambio.

Hasta ahora los Estados Unidos no han tenido que preocuparse por su balanza comercial, como los demás países. Como veíamos antes, todos los países necesitan producir bienes y servicios para exportar y generar dólares que les permitan hacer compras en el exterior (importar). No es el caso de los Estados Unidos, porque ellos no necesitan exportar para generar dólares.

El gigante norteamericano tiene la imprenta en casa; todo lo que necesita hacer es imprimir los dólares que requiera. Ahora, sin embargo, ante el panorama de perder ese privilegio tienen que empezar a preocuparse por mantener una balanza comercial sana que les permita generar suficientes divisas que sean aceptadas internacionalmente para cubrir sus necesidades de importación.

Los estadounidenses saben que es un proceso que tomará tiempo, pero igualmente saben que es algo que tarde o temprano vendrá y que es mejor comenzar a preparase desde ya.

- **¿Qué tan probable es que los Estados Unidos apliquen la política de NIRP?**

Es probable que a la larga la FED tenga que unirse a europeos y japoneses, pero en el corto plazo intentará subir las tasas lo suficiente como para tener margen para bajarlas más adelante. Por lo menos eso es lo que ha ocurrido históricamente.

El siguiente gráfico señala cómo, a pesar de la fluctuación, las tasas de fondos federales —las que pagan los bancos comerciales a la FED cuando solicitan préstamos de un día—, han bajado de manera consistente desde el momento en el que se eliminó el oro como patrón.

Esto significa que la FED ha utilizado repetidamente la reducción de tasas para solucionar las amenazas de recesión.

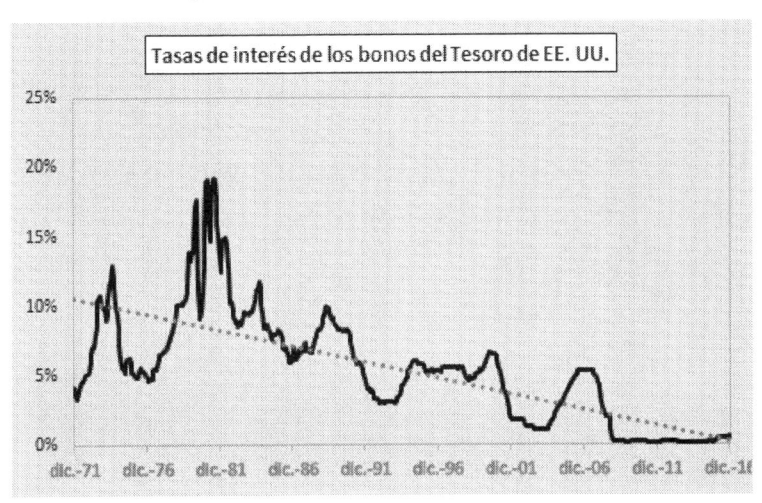

Tasas de interés de los bonos del Tesoro de EE. UU.

- **Los Estados Unidos ya tienen un plan de contingencia ante el NIRP**

Relata Stanberry Porter, presidente de *Stanberry Research* (una de las firmas de investigación de mercado más respetadas de los EE. UU.), que durante una cena a la que fue invitado en el *Metropolitan Club de New York*, el anfitrión, a quien Porter describe —sin mencionar su nombre— como uno de los personajes más poderosos del mundo, reflexionaba sobre el tema:

-¿Cómo recuperarán los bancos centrales del mundo el control del sistema monetario —se preguntaba— cuando las corridas bancarias comiencen a impactar el sistema financiero? ¿Qué harán para que la gente deje de acumular dinero en efectivo, de comprar oro, y conseguir que devuelvan su dinero a los bancos?

Se trataba de una pregunta retórica que él mismo respondió de inmediato:

- La única manera de restablecer la credibilidad y recuperar el control del sistema financiero en el caso de una corrida mundial a las monedas de papel sería restablecer la convertibilidad del dólar estadounidense en oro. A continuación describió los medios para lograr este objetivo.

-La Reserva Federal —dijo— podría ofrecer el canje de todos los bonos del Tesoro que posee (alrededor de $2,4 billones) por todo el oro poseído por el Tesoro de los Estados Unidos.

Al hacer la cuenta de la anterior transacción se llega a un nuevo precio del oro, muy cercano a los US$10.000 la onza.

- ¿Tendrán los Estados Unidos un plan secreto?

Los Estados Unidos siempre se han distinguido por su creatividad y astucia para buscarles salida a los problemas. No sería de extrañar que los herederos del gran Ben Franklin, Abraham Lincoln, Thomas Alva Edison, Steve Jobs y tantos otros genios nacidos en ese país, tengan un as bajo la manga que puedan esgrimir en el momento adecuado. ¡Es posible!, pero en ese caso lo tienen muy en secreto.

La mayoría del material incluido en este libro ha sido tomado de economistas, periodistas económicos y otros expertos financieros estadounidenses; personas que tienen contactos de alto nivel y viven muy enteradas de la situación económica de su país; y todos ellos coinciden en que la muerte del dólar como moneda predominante no tiene vuelta atrás. Todo es cuestión de tiempo.

Sin embargo los análisis de los expertos fueron hechos durante el tiempo de Obama, cuando el gobernante estadounidense tenía cierto respeto por el resto del mundo y trataba de no abusar demasiado de todo del poderío que le da el ser el dueño de la unidad monetaria de intercambio global. Pero las cosas han cambiado con el nuevo gobierno.

¿Podría el nuevo presidente tener la fórmula para postergar por un largo periodo la caída del dólar?

- «*Make America Great Again*»

-¿Planea el presidente Trump hacer grande a América, otra vez?

- ¡No! Trump no tiene la más mínima intención de hacer realidad, en un 100 %, el eslogan de su campaña. Pero sí tratará de cumplir su promesa en un 24 %. Me refiero con ello a la parte de América que está bajo su control directo (Estados Unidos). Su designio con el 76 % restante del continente es el de obligarlo a pagar el costo de los muros y barreras que piensa construir.

-¿Qué posibilidad tiene de lograr su cometido de hacer grande a los Estados Unidos, otra vez?

Pienso que muchos factores están a su favor: si bien el aumento de intereses, a contracorriente de Europa y Japón, fortalece el dólar, haciendo que los productos de las empresas estadounidenses sean menos competitivos en los mercados internacionales, el flujo de divisas que está recibiendo del exterior compensará con creces las divisas que deje de recibir por concepto de exportaciones.

La avalancha de dinero proviene de varios frentes:

1. Inversionistas europeos y japoneses que están buscando un mejor destino como alternativa a las tasas negativas de sus países.

2. Inversionistas chinos que también están huyendo despavoridos, anticipando el colapso ocasionado por su inmensa burbuja de deuda.

3. Capitales que los estadounidenses tienen en el exterior y que también regresarán al país atraídos por la reducción de impuestos y las amenazas de penalización del nuevo gobierno. Así que dinero no faltará; más si tenemos en cuenta que sigue teniendo la imprenta en casa para casos de emergencia.

Le queda por supuesto el problema de que, al caer las exportaciones, los productos que estaban destinados a otros mercados tendrán que ser vendidos internamente y tiendan a crear una sobreoferta que pueda conducir a una deflación.

La respuesta para ello ya fue anunciada: "compre estadounidense". El gobierno tratará, por todos los medios, de convencer a sus ciudadanos de que reemplacen los productos importados por locales. Podría inclusive hasta acudir al subsidio para lograrlo. ¡Dinero no le falta!

El presidente Trump tiene la creencia de que México, China y otros estados se han aprovechado de la benevolencia de su país, y no dudará en utilizar las herramientas de que dispone para combatir lo que él considera que ha sido un tratamiento injusto. Esto le permitirá actuar sin miramientos con el resto del globo terráqueo, y de esta forma encerrarse y hacer que los ciudadanos vivan como en un oasis, un paraíso aislado del resto del mundo... ¡pero no por mucho tiempo!

No todo será color de rosa para sus habitantes. Al ver cómo el presidente ejerce todo su poder para cumplir con su promesa, sin consideración con el resto de la humanidad, millones de personas, incluyendo muchos estadounidenses, se dejarán sentir con todo tipo de protestas, desde simples marchas hasta actos terroristas.

La avalancha de inmigrantes será de tal magnitud que ni aun construyendo un muro que abarque todo el perímetro terrestre y marítimo, y una cúpula que cubra todo su territorio, podrá evitarlos.

Las confrontaciones y conflictos permanentes acabarán por minar el poder del presidente y lo obligarán a abrir nuevamente sus fronteras o a terminar con todo..., es decir ¡todo!

-¿Cómo afectará la situación anterior el precio del oro?

Como lo he mencionado varias veces, la incertidumbre, el caos, la confrontación y el conflicto son terrenos propicios para el oro. Y de ellos veremos mucho en los próximos años.

El factor Trump, sumado a todos los demás que se muestran en el libro, hará que el precio del oro se dispare, haciendo ricos a quienes invirtieron a tiempo.

Capítulo 10
El papel del oro en el nuevo Sistema Monetario Internacional (SMI)

La economía global se encuentra en un dilema difícil de resolver.

Son varios los frentes que deben ser atendidos, y los especialistas agotan los recursos sin tener cómo responder de una manera segura.

Lo que nos depara el futuro inmediato parece ser más incertidumbre, más ensayos de acierto y error, con la esperanza de que al final de esta etapa se logre llegar a una situación que traiga estabilidad por los próximos años.

Un hecho que parece irreversible es que el actual Sistema Monetario Internacional está agotándose y requiere de un cambio, un cambio que puede ser muy traumático. Incluso, es altamente probable que durante el periodo de transición hacia el nuevo sistema monetario el mundo tenga que pasar por una nueva crisis económica, peor que las anteriores.

La profundidad de la próxima crisis va a depender de la resistencia al cambio que oponga el viejo esquema.

- ¿Qué papel jugará el oro en la transición?

Dada la preponderancia de los Estados Unidos, no va a ser fácil desbancar el dólar como la divisa preferente.

El cambio de una moneda fiduciaria a otra ídem no va a ser aceptado por los jugadores del mercado. Es lógico pensar que todo el mundo va a querer un instrumento de intercambio que esté respaldado por un activo real como el oro y/o la plata.

Las enormes reservas de China, sumadas a las del FMI y sus países afiliados, podrán ser usadas como respaldo del DEG. Por su parte, los Estados Unidos también pueden usar sus reservas para tratar de mantener la hegemonía del dólar. En ese caso el proceso de cambio podría tomar muchos años, pero en el ínterin el gran vencedor sería el oro, que podría alcanzar precios que harían verdaderamente ricos a sus poseedores.

Hay algo cierto: lo que se avecina es... ¡incertidumbre!, lo cual significa un terreno propicio para el oro. Al precioso metal le encanta ese ambiente. Es en los momentos de crisis cuando saca a relucir su verdadero valor.

Al final de este periodo de la historia, la moneda predominante será aquella que genere la mayor confianza, y esta tendrá que estar soportada por un activo sólido. Es altamente probable que ese respaldo sea el oro, como ya lo ha sido en el pasado. De ser así, el preciado metal podría multiplicar varias veces su precio actual.

El problema está en que no sabemos cuándo va a iniciarse esa escalada monumental. Posiblemente antes tengamos que pasar por una etapa de mucha fluctuación, que puede llegar a ser extrema durante este forcejeo de potencias por el liderazgo del nuevo sistema monetario.

- **Resumen de los indicadores que nos permiten anticipar el aumento meteórico del precio del oro durante los próximos años**

Los indicadores de la oferta:

- El oro alcanzó su pico de producción en 2016. De aquí en adelante veremos una reducción paulatina, año tras año.
- Muchas mineras están trabajando con costos que superan el precio. De no subir los precios, pueden desaparecer.
- Las reservas probadas y probables solamente alcanzan para 15 años.
- Los bajos precios actuales no dejan margen a las mineras para programas de prospección y desarrollo de nuevas minas.
- Aun con presupuestos adecuados para prospección, las probabilidades de encontrar nuevas minas productivas son menores cada día.
- El metal acumulado como reserva por parte de los bancos centrales e inversionistas particulares quedará fuera de circulación, disminuyendo la oferta.
- El daño ecológico que producen las mineras hará que la presión social desincentive la explotación irregular, mientras que las grandes mineras tendrán que dedicar más recursos al tema ambiental, lo cual aumentará sus costos significativamente.

Los indicadores de la demanda:

- El crecimiento poblacional de los principales países consumidores, China e India, particularmente, aumentará la demanda tanto en joyas como para inversión.

- El incremento de la demanda y la reducción de la producción harán que para el año 2025 la joyería esté consumiendo el 100 % de la producción.
- Una creciente industria electrónica incrementará su demanda.
- Los bancos centrales de China, Rusia, India y Turquía están adquiriendo silenciosamente todo el oro que pueden.
- Los bancos centrales de otros países comenzarán a comprar, en preparación para el posible cambio de sistema monetario.
- La política de intereses negativos (NIRP) desencadenará demanda adicional por el oro. La gente sacará su dinero de los bancos y lo invertirá en un activo que, aunque no genere renta, le garantice preservar el valor en el tiempo.
- La demanda de papel-oro (futuros, ETF) crecerá, y los administradores se verán obligados a comprar oro para mantener niveles adecuados de metal para respaldar sus fondos.
- La promulgación del «Estándar de la Shariah sobre el Oro» en el mundo islámico traerá demanda adicional de varios cientos de toneladas al año.

Los factores mencionados anteriormente nos hacen anticipar que el precio del oro subirá en los próximos meses o años de manera sostenida, pero gradual. Sin embargo la gran escalada que se pronostica se dará como resultado del cambio esperado en el sistema monetario y puede ocurrir intempestivamente, de la noche a la mañana.

Un primer envión lo estaremos viendo en el corto plazo, como consecuencia de las tasas negativas. Aún no se ha sentido su efecto debido a que los bancos son muy cautelosos al pasarles la factura a sus clientes, y estos aún no se han percatado de la situación; pero cuando comiencen a ver que sus ahorros disminuyen mes tras mes, empezarán a buscar alternativas.

Puedo afirmar lo anterior, con absoluta seguridad, porque ya he recibido un par de consultas de personas que tienen dinero en Suiza y en España. Como supondrán, mi recomendación ha sido: ¡compren oro! El tesoro está en el oro.

- **¿Cómo afectan las tasas negativas (NIRP) el precio del oro?**

Existe una correlación inversa entre las tasas de interés y el precio del oro, de manera tal que cuando las tasas de interés suben, el precio del oro baja, y viceversa.

Hasta ahora no existe historia sobre el efecto de las tasas negativas sobre el precio del metal, pero es de esperarse que los inversionistas, ante la alternativa de colocar su dinero en instrumentos que son afectados tanto por la inflación como por tasas negativas, van a preferir tenerlo debajo del colchón o colocarlo en un activo que, por lo menos, lo proteja contra la inflación y el deterioro.

Lo más probable es que su elección sea el oro, una vez aprendan a invertir en el mismo con seguridad.

De acuerdo con la opinión de varios reputados analistas, entre ellos Stanberry Porter, el director de la compañía investigadora de mercados Stanberry y Asociados, la política de intereses negativos podría desencadenar una corrida masiva de dinero de las entidades bancarias, ya que todo el mundo tratará de evitar tener que pagar por guardar su dinero en el banco, y preferirá tenerlo en efectivo en casa.

Por su parte los grandes ahorristas, las compañías de seguros, los fondos de pensiones y otras grandes instituciones, acudirían a una inversión que los proteja de la inflación: el oro.

Imaginemos ahora lo que significaría para el precio del preciado mineral la demanda de las miles de instituciones que manejan los mayores volúmenes de dinero en el mundo. La presión sobre el precio se dejará sentir con fuerza. No lo dudo.

- **La voz de los expertos**

Jim Rickards es un conocido abogado norteamericano, autor de varios *"best sellers"* sobre el tema de las monedas y el oro, entre los cuales destacan «*Currency Wars*», «*The Death of Money*» y «*The New Case for Gold*». Trabajó durante 35 años como analista de riesgo en Wall Street.

Jim Rickards dirigió la firma de inteligencia de mercado que expuso la manipulación monetaria mundial en 2008, colaboró con la CIA para investigar el caso de las Torres Gemelas desde el punto de vista financiero, y también con Scotland Yard y el Pentágono. Es un invitado frecuente de muchos programas financieros en BBC, CNN, NPR, CNBC, Bloomberg, Fox, etc.

Según Rickards, de ser restablecido el patrón oro como respaldo para el sistema monetario renovado, su precio tendría que ajustarse a $10.000 por onza.

Pero no solo Jim Rickards piensa que el precio del oro se disparará. Son muchos los analistas que coinciden con él. Entre ellos mencionaré algunos de los más conocidos que no han tenido ningún problema en jugarse su prestigio haciendo predicciones que, a primera vista, pueden parecer arriesgadas.

Son personas que conocen el negocio del oro, cuentan con amplia experiencia en cómo invertir en el mismo, y pueden hacer estas predicciones con toda propiedad.

Douglas Casey: economista estadounidense, reconocido autor financiero, inversionista internacional y fundador y presidente de Casey Research, una firma de investigación financiera. Casey tiene una amplia experiencia de más de 40 años en el mercado del oro, con el cual ha amasado una inmensa fortuna.

Pronóstico de Doug Casey: «El oro estará por encima de los $3.000/onza».

Peter David Schiff: comentarista y autor económico estadounidense. Ganó amplio reconocimiento cuando predijo la crisis de 2008-2009 en su libro *«Crash Proof: How to Profit From the Coming Economic Collapse».* Schiff es invitado frecuente en programas económicos de CNBC, CNN, CNN International, Fox News, Bloomberg TV y Fox Business.

Predicciones de Peter Schief: "El oro superará los $5.000/onza".

Mike Maloney: escritor, inversionista y asesor norteamericano, autor de la «Guía para la Inversión en Oro y Plata», parte de la serie de libros de Robert Kiyosaki (autor de "Padre rico, padre pobre"). Es asimismo el asesor de inversiones en metales preciosos de Robert Kiyosaki.

Su pronóstico: «El oro alcanzará los $15.000/onza».

Nick Hodge: Editor y comentarista financiero estadounidense. Autor de «*Energy Investing for Dummies*» y «*Renewable Energy: Making Money on Green Chip Stocks*». Fundador del Outsider Club, una comunidad de inversión que cuenta con cientos de miles de miembros.

Su pronóstico: «El oro alcanzará $16,000/onza».

Jim Sinclair. Dejo para el final el pronóstico de Jim Sinclair (Mr. Gold) por cuanto es muy difícil de digerir. Él piensa que el oro puede subir a $50.000/onza. Repito: $50.000/onza.

No haría referencia a este último pronóstico si no fuera porque Jim Sinclair es uno de los personajes más conocidos en el medio de los metales preciosos. En 1974, cuando el precio del oro estaba en $160/onza, predijo que el precio subiría a $800/onza in 1980... ¡Así ocurrió! Más adelante, en el año 2000, cuando el precio estaba en $360, él anticipó que para 2011 el precio subiría a $1.650... y se quedó corto, porque el precio llegó hasta los $1.900.

El número de expertos que ha pronosticado el aumento del precio del oro es incontable. Entre ellos Ron Paul, excongresista y excandidato presidencial. Otros simplemente predican con hechos, invirtiendo millones de dólares en el preciado metal: George Soros, Stanley Druckenmiller, David Einhorn, Ray Dalio, John Paulson y Jim Simons, todos conocidos multimillonarios.

Una pregunta que recibo con frecuencia cuando hablo sobre este tema en círculos de amigos es:

-El precio subirá como cohete, pero... ¿cuándo ocurrirá eso?

-¡No lo sé!... ¡Nadie lo sabe! Puede ser dentro de unas semanas, dentro de unos meses... o quizás dentro de unos años. Pero puedo especular que existen altísimas probabilidades de que sea antes de 15 años.

Este pronóstico está basado en el hecho de que solamente existen reservas probadas para 15 años, y que ya es muy difícil encontrar nuevas minas productivas. También hablamos de cómo la producción había llegado a su pico en 2016. Así que lo que queda de aquí en adelante es ver cómo el oro va haciéndose cada día más escaso. Y todos sabemos lo que ocurre con el precio de los productos que escasean.

Así que, apreciado lector, si usted tiene un dinero que no necesite ahora y que pueda dejar anclado durante 15 años, yo diría que la inversión en oro es una apuesta bastante segura. Pero para que ello sea así es necesario saber en dónde colocar el dinero.

Lo peor que podría ocurrirle es que, intentando sacar provecho de esta oportunidad, se vea envuelto en algún tipo de estafa o inversión inadecuada para su perfil de inversionista. Por ello es de vital importancia que preste mucha atención a los siguientes capítulos.

Parte III

CÓMO PARTICIPAR EN LA FIESTA

Capítulo 11
Pague el derecho de entrada

Vístase y prepárese para la ocasión. Se trata de una fiesta bailable. Digamos que incluye un concurso en el que habrá ganadores.

Los participantes con mayor destreza bailarán con las mejores parejas y al final se llevarán los premios, mientras que los que llegan a la fiesta sin preparación alguna podrán competir, pero con mucha desventaja, y al final terminarán frustrados económica y emocionalmente.

Es una fiesta con un sinnúmero de oportunidades, pero los premios serán solamente para los que se preparen bien.

- **Cómo prepararse para sacar el mejor partido**

Siga esta secuencia de pasos en su orden:

1. Analice cuidadosamente su situación financiera para determinar si dispone de recursos para arriesgar en este tipo de inversión.

Para participar de la fiesta deberá contar con fondos que pueda dejar anclados por un largo tiempo. Es posible que no necesite hacerlo, dependiendo de la alternativa que elija para invertir, pero aun así no se involucre en esta aventura si no cuenta con fondos que esté dispuesto arriesgar si las cosas no salen bien.

En este punto quiero hacer una observación: si se prepara y entra conscientemente en el negocio, no existe ninguna razón para que las cosas no resulten bien. Pienso que las probabilidades de éxito están por encima del 95 %

2. Aprenda sobre el negocio del oro en general. Haga uso de este libro como guía para su preparación. Pero tenga en cuenta que este es solamente un abreboca. Léalo concienzudamente y cuando se le presenten dudas aclárelas consultando a un asesor financiero independiente, pero no cualquier asesor, sino uno experto en el tema del oro.

3. Estudie las alternativas de inversión que se muestran, y defina cuál es la que más conviene a su situación particular. Por ejemplo si usted puede dejar anclado el dinero por un largo periodo y no dispone de tiempo para hacerle seguimiento a su inversión, quizá le convenga invertir en oro físico o comprar acciones de un fondo de inversión, y simplemente dejar que crezca por sí solo; pero si dispone de tiempo y le gusta la acción, puede incursionar directamente en la bolsa de valores para buscar mayores rendimientos. En fin, analice su situación particular y decida lo que más le convenga.

4. Evalúe concienzudamente el método de inversión que haya elegido. Si bien todos los aquí mencionados se refieren al oro, los sistemas de negociación pueden ser muy diferentes.

Es necesario que usted se convierta en un experto en el método que elija. Inclusive si su estrategia consiste en adquirir una barra de oro y dejarla dormir por muchos años, es fundamental que comprenda las posibilidades futuras para que no se angustie cuando los precios puedan bajar temporalmente a niveles inimaginables. El conocimiento le ayudará a recordar que su objetivo es de largo plazo.

En cualquiera de los métodos de inversión que elija es importante estar consciente de que la participación en esta fiesta le puede significar un costo emocional que podría ser muy alto, especialmente si no se prepara bien. La única forma de minimizarlo es que, después de estudiar cuidadosamente la materia, usted quede convencido… —¡realmente convencido!— de que el precio del valioso mineral va a dispararse.

Lo anterior es de suma importancia porque la subida de precio puede ser traumática. El precio fluctuará y pasará por periodos de baja extrema en los que usted, si no está preparado mentalmente, perderá el sueño y terminará con canas de la noche a la mañana… eso si es que no pierde el pelo.

La única manera de prepararse es estudiando todo lo que tenga que ver con la materia.

Si usted no está convencido, ¡realmente convencido! —como yo lo estoy— de que los precios del oro, tarde o temprano, comenzarán a subir como un cohete, entonces es mejor que se mantenga al margen… no solo del oro, sino del mercado bursátil, porque el *"crash"* que se avecina va a ser de dimensiones catastróficas.

Hecha la aclaración podemos seguir adelante, mostrando las alternativas para participar en la fiesta.

-¡Bien! —dirán algunos lectores— los argumentos del libro son sólidos. Ya los he estudiado concienzudamente y los he confirmado con mi propia investigación, y ahora quiero invertir en oro. ¿Cómo puedo hacerlo?

De esto tratan los siguientes capítulos. En ellos veremos las diferentes maneras de invertir en el preciado metal e intentar sacar provecho del alza esperada.

Cuando se quiere invertir en oro hay más de una forma de hacerlo. Y esto aplica tanto para grandes inversionistas, con capacidad para adquirirlo en lingotes y pagar por mantenerlo en cámaras o bóvedas acorazadas protegidas con guardias armados, cercas de rayos láser y otros sofisticados sistemas de seguridad, o para pequeños ahorristas que solo pueden acumular unos gramos y guardarlos bajo llave en su casa, disimulados en uno de los cajones del clóset, refundidos entre su ropa interior y sus calcetines.

Y, ahora sí, sin más preámbulos, vamos a hablar sobre las alternativas:

1. Comprar oro físico.
2. Títulos valores basados en oro: futuros, acciones, ETF, etc.
3. Invertir en acciones de compañías mineras.

Capítulo 12
Cómo invertir en oro físico

Existen muchas maneras de adquirir oro en forma de monedas, barras o lingotes. Lo que cobran los vendedores generalmente va en línea con el precio internacional del metal, más una prima adicional.

Oro en lingotes o barras: decíamos en un capítulo anterior que el negocio del oro es el más estúpido del mundo: parece no tener sentido el pagar para desenterrar el metal de un sitio para enterrarlo en otro; y no hay mejor ejemplo de ello que el de la inversión en barras y lingotes. Pero... ¡así somos! El ser humano ha actuado estúpidamente con el oro durante más de 4.000 años, y no dudo de que seguirá haciéndolo, por lo menos en el futuro cercano.

Dado que el oro es un metal tan dúctil, que de un gramo puede hacerse una lámina de un metro cuadrado, la oferta de oro físico es muy variada: desde pequeñas barras o láminas de un gramo hasta lingotes de 12.4 kilogramos, pasando por diferentes tamaños: dos gramos, 10, 100, un kilo, etc. Consultando al señor Google se encuentran muchísimas ofertas de este tipo.

Es muy difícil saber cuáles ofertas son verdaderas y cuáles no, así que es preferible comprar en una tienda reconocida por su seriedad o en el banco central de su país, si es que todavía venden oro, por cuanto, en todo el mundo, estos han estado restringiendo las ventas últimamente. Lo más conveniente, en todo caso, es asesorarse con un experto.

Oro en monedas: Monedas conmemorativas y con diferentes diseños pueden adquirirse fácilmente casi que en cualquier ciudad del mundo libre. Sin embargo es importante diferenciar entre las monedas de colección y las de inversión. Las primeras, obviamente, son bastante más costosas y su mercado es más restringido, mientras que las segundas generalmente se consiguen con una prima muy modesta sobre el precio estándar del oro.

Existen muchas ofertas de este tipo en tiendas virtuales, tales como E-bay y MercadoLibre, pero no hay garantía de que se trate de oro de verdad. Con la experticia que han adquirido los estafadores, existen falsificaciones muy difíciles de detectar.

Las monedas de pequeña denominación son más recomendables que las barras y lingotes, por cuanto son mucho más fáciles de vender en un momento de necesidad.

Joyas: Existen de todos los tamaños, modelos, clases, tipos, características y aleaciones, para todos los gustos; pero no para todos los bolsillos.

Si le ofrecen una joya de oro barata, con seguridad que no es genuina (y a su esposa no le gustará), bien por su bajo o inexistente contenido de oro o por su procedencia.

La ventaja de las joyas es que tienen doble fin: sirven para adornar y como inversión. La desventaja es que son más costosas que el oro como tal, por cuanto es necesario pagar por el diseño además del material.

Oro físico en certificados: Cuentas de oro asignadas, cuentas no asignadas, pensiones en oro, acumulación progresiva...

Existen, en Internet, muchas ofertas que se dicen de oro físico, pero que en realidad son certificados que representan una cantidad determinada de oro. Algunas incluyen como valor agregado el mantenerlo guardado en sus seguras bóvedas por un costo adicional.

Al hacer este tipo de inversiones en realidad no está comprándose oro físico, sino papel-oro que puede ser ofrecido por un banco sólido o por un proveedor desconocido que, algunas veces, no tiene una ubicación fija.

Si usted quiere invertir en oro físico es mejor adquirirlo de manera tal que pueda tocarlo, sentirlo y verificar su calidad. Si, por el contrario, quiere invertir en papel-oro hay mejores formas de hacerlo, como veremos más adelante.

Al consultar en Internet sobre el mercado del oro, se encuentra una abrumadora cantidad de ofertas; abrumadora... y sobretodo sospechosa. Da la impresión de que se trata de un producto con disponibilidad infinita, cuando sabemos que el producto existente en el mercado es limitado.

Me atrevería a decir que el 80 % de esas ofertas son, por lo menos, dudosas. Me cuesta creer que exista ese nivel de inventarios.

Es necesario ser muy cuidadoso al momento de adquirir oro físico. La mejor forma de hacerlo es adquirirlo en joyerías conocidas o tiendas especializadas que estén reconocidas por su tradición, seriedad y honestidad. Y, como lo mencionábamos anteriormente, lo más conveniente es tratar de asesorarse con un experto.

- **Cuidado con el oro falso**

Lo sabemos: ¡no todo lo que brilla es oro! Tenga eso en mente.

Cuenta la historia que durante la fiebre del oro en California, en 1848, apareció en el mercado un producto con el que se engañó a muchos ingenuos, por lo cual se le comenzó a llamar "el oro de los tontos". Se trataba de pirita de hierro, un material brillante muy parecido al oro.

Siempre es necesario verificar la pureza del oro, como lo hizo el rey Hierón hace 2.300 años.

¡Eureka! ¡Eureka! – El principio de Arquímedes

Cuenta la historia (¿o leyenda?) que el rey Hierón de Siracusa pidió a un orfebre que le fabricara una corona, para lo cual le dio un lingote de oro. Mientras el orfebre trabajaba, el rey escuchó rumores de que el orfebre no era muy honrado, así que cuando recibió la corona la hizo analizar por el matemático más famoso de la época: Arquímedes.

La corona pesaba igual que el lingote de oro, pero eso no era suficiente. Arquímedes supo, desde el comienzo, que para determinar si era oro puro o mezclado con plata, debía determinar la densidad de la corona. Lógicamente él sabía que la densidad de una materia es igual al peso dividido por el volumen.

Ya conocía el peso, pero no sabía cómo calcular el volumen de una figura tan irregular como una corona. Hasta que un día al sumergirse en su bañera se le ocurrió el conocido «¡Eureka!

> ¡Eureka!» (¡Lo encontré!): «Un cuerpo total o parcialmente sumergido en un fluido en reposo recibe un empuje de abajo hacia arriba igual al peso del volumen del fluido que desaloja».
>
> El siguiente paso fue el de medir el volumen de agua desplazada por igual peso de oro y de la corona. Al ser diferentes descubrió que, efectivamente, el orfebre estaba engañando al rey. Los estafadores siempre han existido... y seguirán existiendo.

En el mercado existen muchas falsificaciones, desde simples rocas pintadas de amarillo fosforescente hasta simulaciones muy difíciles de detectar, elaboradas por especialistas que cuentan con sofisticados equipos y técnicas para hacerlo. Las más comunes son hechas con barras de tungsteno recubiertas con una capa de oro. Ni el método de Arquímedes podría detectar el engaño, porque el tungsteno tiene una densidad similar a la del oro.

Otros falsificadores utilizan también aleaciones que contienen osmio, iridio, rutenio, cobre, níquel, hierro, rodio, etc. Logran unas falsificaciones tan perfectas que llegan a engañar a los mismos joyeros. Una de las formas más apropiadas para detectar la diferencia es con ultrasonido; y, aun así, los equipos pueden ser alterados.

- **Para finalizar este capítulo... una recomendación importante**

¡Nunca invierta en un negocio que no conozca! Y esto aplica para todo tipo de inversión. Antes de arriesgar su dinero invierta tiempo y esfuerzo en analizar cuidadosamente los riesgos de la inversión.

La probabilidad de que el precio del oro crezca y genere la oportunidad de grandes ganancias es real, pero eso no aplica a todos los productos que de este derivan. Si decide invertir en oro físico, debe ser muy cuidadoso de asegurarse de que realmente es oro. La simple inspección o certificación de cualquier joyero no es suficiente, a menos de que se trate de un joyero experto de toda su confianza.

Capítulo 13
Cómo invertir en títulos valores basados en oro

Para participar en este tipo de inversiones el interesado deberá abrir una cuenta con un banco, una entidad financiera especializada en oro, o un corredor de bolsa. Asegúrese de que sea una entidad regulada por las autoridades correspondientes.

Lo ideal es buscar un bróker internacional que tenga acceso a la mayor cantidad posible de productos, con el fin de disponer de un portafolio variado de alternativas de inversión. De no poder hacerlo, también los corredores locales están en la capacidad de realizar la intermediación, pero lógicamente las comisiones son bastante más altas.

Las mejores oportunidades se encuentran en las bolsas de valores NYSEArca y NASDAQ, por lo cual es importante que usted tenga acceso, directa o indirectamente, a un bróker que opere en esas plazas.

- **Mercado de opciones y futuros de oro**

El concepto fundamental de los mercados de futuros es el de mitigar los riesgos tanto para los productores o vendedores como para los compradores, de manera tal que los dos pueden garantizarse el precio de entregas futuras del producto, en un plazo determinado, mediante un contrato que es respaldado por un intermediario reconocido.

Los proyectos mineros son costosos, por lo cual los productores realizan ventas a futuro a unos precios que garanticen la rentabilidad de la inversión. Los mineros generalmente venden su producción con dos o tres meses de antelación, y de allí se deriva un inmenso mercado especulativo.

Si bien el concepto anterior es el fundamento de los contratos de futuros, en la realidad son pocos los contratos ciertos, es decir entre un empresario que produce oro y que quiere garantizarse su precio de venta y un comprador que necesita oro y quiere garantizarse un precio de compra.

El mercado real de futuros

La realidad del mundo de los futuros es netamente especulativa; la mayoría de los contratos de futuros se llevan a cabo entre vendedores que no tienen oro y compradores que no lo necesitan.

Es un juego en el cual los primeros piensan que el precio bajará y los segundos que subirá, en un plazo determinado. Antes del vencimiento de la transacción los dos se deshacen de los contratos, el que ha tenido razón ganará y el otro perderá. En ningún momento hay intercambio de oro. Solamente papeles, o ni eso, porque las transacciones se hacen en línea.

Este tipo de negociación, por supuesto, hace que los volúmenes que se negocian en los mercados de futuros sean muy superiores al oro existente. Si en un momento dado todos los compradores exigiesen el cumplimiento del contrato en oro, no sería posible satisfacer la demanda.

El mercado de las opciones

Es muy similar al de futuros, con la diferencia de que en ese caso el comprador adquiere el derecho —pero no la obligación— de comprar, mientras que el vendedor adquiere la obligación de vender.

El comprador debe pagar una prima al vendedor por tener la opción de comprar. Si al cabo del plazo acordado las condiciones no le convienen, simplemente rescinde el negocio y se olvida de la prima pagada. Es algo así como las arras de un negocio. Si al final el comprador desiste de hacer la compra, perderá las arras que haya entregado como garantía del negocio.

Las inversiones en contratos de futuros y de opciones están reservadas para profesionales u otros inversores sofisticados que estén bien asesorados sobre este tipo de transacciones.

- **CFD (Contratos por diferencia)**

Un CFD es un instrumento negociable que refleja los movimientos del oro o títulos relacionados con el mismo. Se puede ganar o perder dependiendo de las fluctuaciones del precio. Si este coincide con la posición tomada, se gana; caso contrario, se pierde.

No conozco mayor cosa sobre este tipo de instrumentos porque no se negocian en los mercados de los Estados Unidos que es en los que mi equipo y yo operamos; sin embargo sé que en Europa son populares y muchas entidades financieras los ofrecen internacionalmente.

El CFD es un título eminentemente especulativo.

Existen muchas páginas en Internet que invitan a invertir a todo el mundo, aclarando que no hace falta tener experiencia. La verdad es que tanto estos instrumentos como los futuros, las opciones, las acciones y todo lo que esté relacionado con los mercados bursátiles, requieren amplia experiencia en *"trading"*.

Las personas que lo intenten sin este requisito tienen las pérdidas garantizadas.

- **ETF (Exchange Traded Funds)**

Los ETF son una alternativa de inversión que ha tenido un gran auge en los últimos años.

Un ETF, o fondo negociado en bolsa, es un valor que sigue un índice o un producto, como en el caso del oro. Es muy similar en su concepción a un fondo de inversión colectiva, pero con la diferencia de que este puede negociarse permanentemente en la bolsa de valores durante el día, como una acción.

Los ETF basados en oro experimentan cambios de precios a lo largo del día, siguiendo la tendencia del metal, a medida que son comprados y vendidos. Un ejemplo clásico de ETF es *SPDR Gold Shares (GLD)*, el ETF de oro con mayor capitalización del mercado.

Las iniciales entre paréntesis corresponden al símbolo con el cual se negocian en la bolsa.

Aunque no es exactamente lo mismo que poseer lingotes físicos, GLD los asemeja muy bien, por cuanto las acciones están respaldadas por lingotes reales guardados en bóvedas de alta seguridad. Basados en este hecho, miles de inversionistas venden y compran acciones permanentemente, unos como inversión de largo plazo, otros con fines especulativos.

Otro ETF muy popular es *iShares Gold Trust (IAU):* es un producto similar al anterior. Más pequeño, pero igualmente líquido, y su capital está también respaldado por lingotes de oro.

Existen muchos otros ETF que funcionan de manera similar a los anteriores, tanto en los Estados Unidos como en las bolsas de valores de China, Canadá, Australia, India, etc.

El proceso para invertir en este tipo de instrumento es muy sencillo, una vez que se tenga una cuenta de corretaje. Puede hacerse con asistencia de un operador o directamente, en línea. Para ello es necesario seleccionar un bróker que ofrezca esta facilidad. Simplemente se coloca la orden, y en segundos las acciones le son asignadas a su cuenta. De igual manera cuando se quiere venderlas, la transacción se realiza en segundos. Existe liquidez total e inmediata.

La inversión en este tipo de instrumentos presupone que las acciones son convertibles en oro físico, pero en la práctica es relativo por cuanto las unidades mínimas de cambio superan la capacidad de los inversionistas comunes. Un inversor minorista no puede intercambiar sus acciones de GLD por oro, ya que la creación y el reembolso de las unidades solo se realiza en incrementos de 10.000 onzas por parte de participantes autorizados (es decir grandes bancos).

Pero esto no debe preocupar a los inversionistas comunes que no están buscando adquirir oro físico a cambio de sus acciones.

Alerta sobre los siguientes productos: últimamente han estado apareciendo en el mercado fondos apalancados, derivados de los ETF básicos. Por ejemplo con base en GLD se desarrollaron dos ETN (*Exchange Traded Notes*) bastante complejos; uno es «*VelocityShares 3x Long Gold ETN*» (UGLD), el cual está basado en GLD y, teóricamente, puede generar el triple de las ganancias (o el triple de las pérdidas).

De igual manera se desarrolló otro ETN similar, pero de acción inversa, es decir que cuando el precio del oro sube, el precio del ETN baja, y viceversa.

Traigo a colación estos últimos para que los lectores sepan de su existencia y se abstengan de participar en ellos sin la adecuada asesoría. Son productos de altísimo riesgo que así como pueden producir rendimientos extraordinarios, también pueden generar pérdidas cuantiosas.

He trajinado lo suficiente con los anteriores productos como para saber que solamente son aptos para inversionistas que tengan amplia experiencia con ellos. Tienen un excelente potencial para hacer grandes ganancias, pero es necesario saber manejarlos muy bien.

- **Cómo se gana dinero con ETF**

Ganancia de capital: Solamente puede obtenerse ganancia por el movimiento de los precios. Para los inversores en largo, cuando el precio de las acciones sube, y para los inversores en corto, cuando este baja.

Inversores en largo son aquellos que adquieren las acciones y esperan ganar dinero cuando el precio de las mismas sube; inversores en corto son aquellos que obtienen acciones prestadas del bróker y las venden, esperando que el precio baje para recomprarlas, devolverlas al bróker y quedarse con la diferencia.

Dividendos: Los ETF en oro no pagan dividendos, por cuanto no generan renta de ninguna naturaleza.

- **Riesgos de invertir en ETF**

El riesgo comercial: Se refiere a la solidez del ETF con respecto a sus posibilidades de quiebra y qué ocurriría con el dinero de los inversionistas en esa eventualidad.

El riesgo de estos productos es similar al de invertir en una acción corporativa. Me explico: cuando se invierte en una acción, como Facebook, el precio de la misma en el mercado de valores es siete veces mayor de lo que realmente vale en libros. De esta manera el inversionista en acciones está pagando el valor de la empresa más seis veces el mismo en expectativas. Simplemente porque hay suficiente demanda en el mercado, y otros inversionistas están dispuestos a pagar ese precio.

En el caso de otras corporaciones como Apple la relación es de 1:4; la de Google, de 1:4; y así sucesivamente. Si una de estas empresas llegase a quebrar, lo que recibirían los inversionistas en acciones sería "cero". Perderían toda su inversión, como ocurrió en 2008 con los inversionistas de General Motors.

En el caso del oro la situación es similar; los ETF nunca tienen el 100 % de respaldo en oro físico. Es posible que algunos estén cerca de esa cifra en sus bóvedas, pero otros no llegan al 10 %. La verdad es que no hay oro suficiente en el mundo para respaldar todo el papel-oro que se emite permanentemente.

Por ello es importante que el inversor lea el prospecto del fondo, y la letra pequeña, antes de colocar su dinero. Al volumen de oro que aparece en la hoja de datos réstele un 50 %, y tendrá más o menos una idea del respaldo real. En caso de quiebra es posible que le devuelvan algunos miligramos de oro, una vez se haga la liquidación respectiva.

Riesgo de mercado: Se refiere a la fluctuación del precio y la posibilidad de perder dinero por salirse del mercado en el momento inadecuado. En este tipo de riesgo tiene mucho que ver el factor psicológico que generalmente juega en contra de los inversionistas sin experiencia.

Al no tener una idea clara de lo que se espera de la inversión, el inversionista inexperto, se deja llevar por las emociones extremas de la avaricia y el miedo y termina comprando cuando debería vender y vendiendo cuando debería comprar, con lo cual, siempre estará perdiendo dinero en la bolsa.

En ese sentido es importante saber que el precio del oro es muy volátil y se comporta como una montaña rusa.

También es bueno saber que a pesar de ello las caídas siempre han sido temporales, y al final el precio ha seguido creciendo. Lo mismo deberá ocurrir con los precios de los ETF, por cuanto estos siguen el precio del metal.

- **La recomendación infaltable**

Para finalizar este capítulo, la recomendación de siempre: **¡nunca invierta en productos que no conozca!** Antes de invertir su dinero invierta tiempo y esfuerzo en analizar cuidadosamente los riesgos de la inversión. La probabilidad de que el precio del oro suba y genere la oportunidad de grandes ganancias para los inversionistas es muy alta, pero eso no aplica a todos los productos que de este derivan.

Si decide invertir en ETF la expectativa del precio del oro es solamente uno de los factores que debe analizar; pero hay muchos otros: la composición del ETF, el número y calidad de títulos que lo conforman, la administración, solidez, liquidez, volumen de transacciones, respaldo en oro, etc.

Capítulo 14
Cómo invertir en compañías mineras de oro

A diferencia de los futuros, ETF, fondos cerrados y otros títulos valores de oro, cuyo precio en el mercado está condicionado al precio del metal y cuyo respaldo está basado en los inventarios que los administradores dicen tener en sus bóvedas y la confianza que los clientes depositan en ellos, las mineras funcionan igual que cualquier otra corporación industrial y/o comercial que cotice en bolsa: por expectativas.

Si bien el comportamiento del oro tiene una fuerte influencia en el precio de las acciones de las mineras, estas no siguen con precisión el precio del metal, sino que pueden variar dependiendo de muchos factores.

Generalmente reaccionan con mayor intensidad, en uno u otro sentido: si la tendencia de los precios del oro es alcista, las acciones de las mineras crecerán con mayor agresividad, pero si el precio del oro está bajando, los precios de las mineras también bajarán con mayor aceleración.

Antes de colocar su dinero en ellas, el inversionista deberá analizarlas como a cualquier otra empresa que cotice en bolsa. Se deben evaluar desde el punto de vista de solidez, tamaño, producción, mercadeo, administración, el volumen transado diariamente, la liquidez y, por supuesto, los indicadores tradicionales tales como el precio/ganancia, precio/ventas, valor en libros, etc.

- **Las principales mineras del mundo**

En el sector minero existen dos tipos de empresas bien diferenciadas: las empresas sénior o maduras que están bien establecidas en el mercado y cuentan con minas en plena producción, y las empresas júnior, que son aquellas que se encuentran en etapa de desarrollo o iniciando producción.

Las mineras Sénior

Dentro de este sector las más conocidas son:

Barrick Gold Corp. (ABX), compañía canadiense que tiene un valor en bolsa de 16 millardos de dólares, con minas en 12 países y reservas probadas de 2.600 toneladas de oro; para 10 años de producción aproximadamente.

Newmont Mining Corporation (NEM), compañía estadounidense de 16 millardos de dólares, con presencia en los principales países productores de oro y con reservas probadas de 2.100 toneladas; para 12 años de producción.

Goldcorp Inc. (GG), compañía canadiense valorada en 10 millardos, con minas principalmente en el continente americano.

Agnico Eagle Mines (AEM), con 9 millardos de capitalización, compañía canadiense con minas en Canadá, Finlandia y México.

*AngloGold Ashanti Lim*ited (AU), 4 millardos de capitalización, empresa surafricana que opera principalmente en África, Australia y Asia.

-¿En cuál de las anteriores invertir?

Si bien todas ellas son compañías exitosas y bien administradas, como regla general no es conveniente invertir en una sola. Y esto aplica no solamente para las mineras sino para cualquier sector. Lo recomendable es armar un portafolio de varias compañías bien seleccionadas, o más fácil aun, elegir un ETF que siga un índice de mercado. De esta manera se distribuye el riesgo.

El ETF más popular dentro de las mineras sénior está basado en el índice de mercado *Arca Gold Miners*, que incluye las anteriores compañías más 46 adicionales que representan la flor y nata del sector.

El ETF se llama «*VanEck Vectors Gold Miners ETF*» (GDX), y está conformado por 50 de las compañías más grandes en el sector de metales preciosos. Es el fondo preferido por muchas personas e instituciones a las que les gusta invertir en este sector, y por los reportes sabemos que son bastantes: GDX mueve diariamente más de 80 millones de acciones en promedio. Como vemos, es un segmento del mercado aurífero que cuenta con millones de adeptos.

A manera de información y alerta: Basados en GDX se han desarrollado muchas ETN (*Exchange Traded Notes*) con comportamientos que duplican y triplican el valor de GDX, tanto de relación directa (se comportan de manera paralela a GDX) como inversa (se comportan de manera opuesta a GDX).

Estos productos son muy difíciles de manejar y, por lo tanto, están reservados para los especialistas. De todas maneras las menciono para los curiosos: «*Direxion Daily Gold Miners Bull 3X*

ETF» (NUGT) y «*Direxion Daily Gold Miners Bear 3X ETF*» (DUST); la primera sigue la misma dirección de GDX, con tres veces su variación; la segunda hace otro tanto, pero a la inversa.

Nuevamente les recuerdo que no deben incursionar en ellos sin el soporte de un asesor experimentado en los mismos. De lo contrario podrían perder mucho dinero. Lo sé por experiencia propia.

Las mineras júnior

Se trata de mineras jóvenes que, individualmente, se consideran de alto riesgo por cuanto, en la mayoría de los casos, se sustentan sobre emprendimientos en su etapa temprana de desarrollo, y por lo tanto aún no están consolidadas.

Muchas dependen de una sola mina o sus proyectos están ubicados en países políticamente inestables, como ocurrió con las minas venezolanas que fueron nacionalizadas, dejando en el limbo a los inversionistas privados.

Sin embargo las expectativas de crecimiento pueden justificar el riesgo para inversionistas que estén dispuestos a correrlo.

El siguiente relato explicará el comentario anterior:

A principios de 2014 se inició una fuerte puja entre tres grandes mineras: *Goldcorp, Agnico Eagle Mines y Yamana Gold*, por la adquisición de *Osisko Mining Corporation*, una compañía júnior. La puja estuvo bastante reñida, y al final la empresa fue adquirida por las dos últimas por 3.600 millones de dólares.

-¿Cuál fue la razón de la fuerte puja?

-*Osisko* había descubierto una nueva mina, *"Osisko's Malartic Mine"*, que acababa de iniciar producción a un costo de $645/onza. Un costo fantástico en los momentos en que el precio del mineral estaba deprimido.

Las compañías júnior son las que ofrecen el mejor potencial, por cuanto algunas de ellas, las que descubran las mejores vetas, serán objeto de un tratamiento similar al de *Osisko*, que con el simple anuncio de que tenía una mina de bajo costo de producción, aparecieron tres importantes interesados en adquirirla.

Veíamos antes que las grandes mineras tradicionales (*Barrick, Newmont, Goldcorp* y otras) han recortado su presupuesto de prospección y desarrollo para bajar costos, por lo cual no disponen de nuevas minas para responder a la demanda en el momento en el que el oro comience a subir.

Decíamos también que el ciclo de producción desde la prospección hasta que se saca el primer gramo es de 20 años aproximadamente. Esto significa que la mejor alternativa que tienen las grandes mineras para mantenerse competitivas en el mercado va a ser la de adquirir emprendimientos que ya hayan superado las etapas de prospección y desarrollo, y que estén cerca de producción. Ahí es donde entran a jugar las compañías júnior, particularmente aquellas bien ubicadas y con un potencial de producción alto a un costo razonable.

En el momento en el que el precio del oro despegue es muy probable que veamos una gran actividad dentro de las grandes mineras tratando de adquirir las pequeñas que tengan desarrollos promisorios. La puja será intensa, haciendo que los precios de sus acciones suban verticalmente. Sin embargo es muy difícil saber con anticipación cuáles de estas pequeñas mineras encontrarán los desarrollos del futuro.

Es por ello que la mejor estrategia consiste en invertir en un fondo que está conformado por las principales compañías júnior, en el cual muy posiblemente aparecerán las que cuentan con los desarrollos más valiosos.

El título es *«VanEck Vectors Junior Gold Miners ETF» (GDXJ)*, un fondo bastante reciente (2009) que ha tenido un rápido crecimiento. Cuenta con una capitalización de tres millardos de dólares y transa más de 20 millones de acciones al día. Está basado en el índice *«MVIS Global Junior Gold Miners»*, compuesto por compañías júnior fuertemente capitalizadas y preparadas para soportar bajos precios por largo tiempo.

A manera de ejemplo veamos el perfil de un par de las compañías que componen el fondo.

La primera es *Torex Gold Resources Inc* (TORXF). Empresa canadiense con capitalización superior a un millardo de dólares, cuyos principales desarrollos están Morelos (México); propietaria de las minas El Limón-Guajes y Media Luna, que cuentan con reservas probadas y probables superiores a 10 millones de onzas de oro, con roca de alto grado que les permitirá operar con costos ligeramente superiores a los $600/onza.

Otra compañía interesante es *Pretium Resources Inc.* (PVG.TO). Empresa canadiense de mediano tamaño (1.7 millardos de dólares). Se dedica a la adquisición, exploración y desarrollo de propiedades con recursos de metales preciosos en las Américas. Reporta 4.700 toneladas de reservas probadas y probables.

Royalty companies

Para algunos expertos en el sector minero, una de las maneras más promisorias de invertir en oro es a través de compañías especializadas en financiar y dar soporte a los emprendimientos.

Son empresas que actúan como financiadores especializados de exploradores y productores. A cambio del financiamiento reciben, como regalías, un alto porcentaje de las ventas futuras de la compañía. También pueden recibir la preferencia para comprar el producto con sustanciosos descuentos.

En general las regalías que exigen a las mineras son muy altas, pero hay que tener en cuenta que los proyectos que financian son cada vez más riesgosos debido a que el descubrimiento de minas de alto rendimiento es cada vez más escaso.

Una ventaja adicional que tienen estas empresas es que no se concentran solamente en el oro, sino que participan en muchos proyectos diversificados que incluyen plata, carbón, hierro, potasa y otros minerales.

Las compañías más conocidas en este segmento son *Franco-Nevada Minería* (FNV), *Silver Wheaton* (SLW), *Sandstorm Gold* (SAD) y *Royal Gold, Inc.* (RGLD). Y todas ellas son parte del ETF GDXJ.

Solo como información y alerta: Al igual que con los ETF de oro también en el campo de las mineras han aparecido fondos apalancados, derivados de los ETF básicos, cuyo comportamiento diario duplica o triplica al fondo básico, tanto en ganancias como en pérdidas.

Son productos extremadamente peligrosos si no se tiene experiencia con ellos. Sin embargo, si se cuenta con la asesoría especializada, pueden lograrse rendimientos extraordinarios con este tipo de productos.

^HUI Gold Index, un importante indicador a tomar en cuenta

^HUI es un índice bursátil que mide la correlación existente entre el precio de las acciones de las mineras y el precio del oro, y nos ofrece un parámetro adicional, además del precio del oro, para tratar de determinar los momentos de entrada y de salida.

El índice HUI mide la fortaleza relativa de los precios de una canasta de acciones de empresas productoras de oro contra el precio del metal. En otras palabras, cuántas acciones serían requeridas para adquirir una onza de oro en un momento dado. Si se requieren muy pocas acciones significa que la acción está costosa con respecto al oro, y viceversa.

En términos generales la inversión en mineras puede ser más rentable que la inversión en oro directamente, por cuanto los precios de las acciones son más sensibles a los movimientos del mercado, pero asimismo sus caídas son más fuertes en momentos de depresión del precio del oro.

- **Cómo se gana dinero con ETF del sector minero**

Ganancia de capital: Para los inversores en largo, cuando el precio de las acciones sube; y para los inversores en corto, cuando este baja.

Dividendos: La mayoría de las corporaciones mineras sénior pagan dividendos. También lo hacen algunas de las júnior. Los ETF también lo hacen.

- **Riesgos de invertir en el sector minero**

El riesgo comercial: El riesgo de invertir en acciones de mineras individuales, es generalmente alto, por cuanto está dependiéndose del comportamiento de una sola empresa. Por el contrario, en un ETF, el riesgo se distribuye entre varias; 45 – 50 empresas, en el caso de los ETF mencionados; por lo cual el riesgo comercial es relativamente bajo.

Riesgo de mercado: En el caso de las compañías mineras, la volatilidad es aun mayor que la del oro. Los movimientos de los precios pueden ser muy fuertes, por lo cual es indispensable tener una buena estrategia de inversión, con sus correspondientes esquemas de protección. Es fundamental estar muy bien asesorados antes de intentar participar en estos mercados.

- **La recomendación que no puede faltar**

Sé que ya lo mencioné anteriormente, pero voy a repetirlo para que quede bien grabado. Se trata de una recomendación que siempre debe ser tenida en cuenta: **¡Nunca invierta en productos que no conoce!** Antes de invertir su dinero, invierta tiempo y esfuerzo en analizar cuidadosamente los riesgos de la inversión.

La probabilidad de que el precio del oro crezca y genere la oportunidad de grandes ganancias para los inversionistas es muy alta, pero eso no aplica a todos los productos que de este derivan.

Si decide invertir en compañías mineras, la expectativa del precio del oro es solamente uno de los factores que debe analizar, pero hay muchos otros: administración de las empresas, solidez, liquidez, volumen de transacciones, respaldo financiero, endeudamiento, etc.

Anexo:

CÓMO OPTIMIZAR LOS RESULTADOS DE SU INVERSIÓN EN ORO

La experticia (experiencia + pericia) necesaria

Si usted, apreciado lector, llegó hasta este punto es porque realmente le interesa participar en el mercado del oro y ya está preparado para dar el siguiente paso. En este punto probablemente ya tiene una idea sobre la alternativa de inversión en la que quiere incursionar.

Ahora es el momento de pensar en cómo hacerlo. Analice los recursos de que dispone y decida si puede invertir por su cuenta. Para hacerlo no basta con adquirir un poco de experiencia, es necesario contar con experticia.

Para comenzar, evalúe sus conocimientos, su experiencia, su tiempo disponible para analizar las posibles estrategias y para hacerle seguimiento a las transacciones. Si tiene dudas es mejor que contrate un servicio de asesoría. Si bien este no puede garantizarle resultados, con toda seguridad va a mejorar sus posibilidades de éxito.

El servicio de asesoría requerido, dependerá del sistema de inversión que quiera realizar:

Si su elección es la de invertir en oro físico, desafortunadamente no podemos ayudarlo. Nuestro conocimiento en esa área es tan solo teórico y no estamos capacitados para brindarle ni educación ni asesoría.

Ahora bien, si su interés es el de invertir en títulos valores basados en oro o en compañías mineras, entonces sí podemos ayudarlo. Tenemos amplio conocimiento y experiencia en los mercados de valores internacionales, y hemos desarrollado estrategias de inversión efectivas con una trayectoria de resultados comprobables...; y estamos dispuestos a compartirlos. ¡Sabemos cómo realizar transacciones exitosas!

- **Alternativas de inversión**

En este anexo voy a ofrecer a mis lectores algunas alternativas prácticas para incursionar en el negocio del oro a través de los mercados de valores, con nuestra asesoría.

Alternativa A: Inversión pasiva

Se compran acciones del título elegido y se dejan crecer con el aumento del precio del oro más los dividendos. En este caso el inversionista deberá estar preparado anímicamente para no dejarse afectar por las fluctuaciones de precios que harán que el capital invertido sufra permanente variación.

Alternativa B: Inversión activa

Crecimiento del capital por aumento del precio del oro, más los dividendos, más generación de renta permanente con estructura de opciones financieras.

En este sistema, el inversionista deberá estar monitoreando el precio del oro y realizando transacciones frecuentes, de acuerdo con comportamiento del mercado. De esta manera se amortiguan las caídas de precios y se obtiene una ganancia adicional.

Cada una de las alternativas tendrá un resultado diferente, dependiendo de cómo evolucione el mercado del oro.

A continuación analizamos algunos de los escenarios que consideramos que cuentan con las mayores probabilidades de convertirse en realidad.

- **Algunos escenarios posibles**

  ❖ *Escenario 1: El SMI se renueva y regresa al patrón oro. El precio sube a US$10.000/onza troy.*

Probabilidad: 20 %.

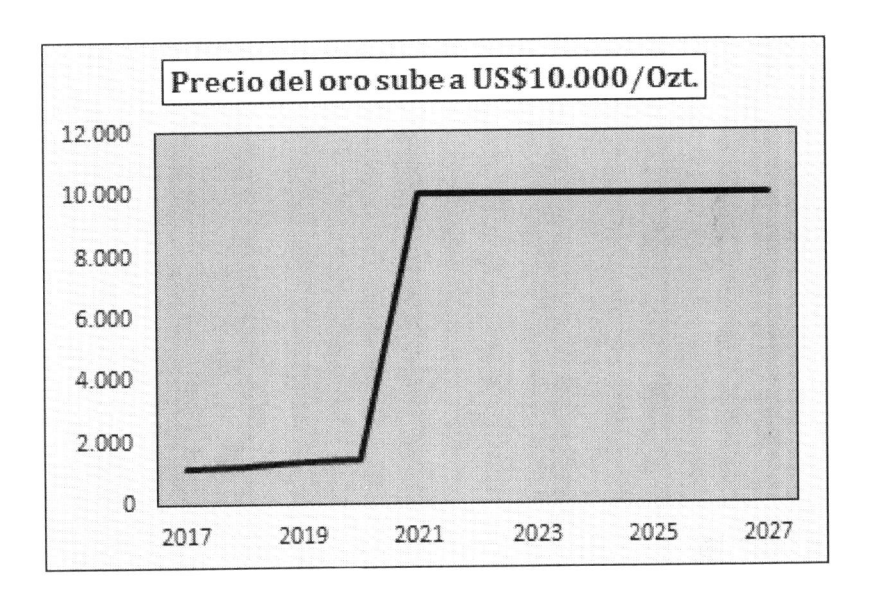

Precio del oro sube a US$10.000/Ozt.

Premisa: En los próximos años el precio del oro crecerá a una tasa promedia anual de 7 %; la misma que tuvo durante los últimos 10 años. Hacia el año 2021 se consolidará oficialmente la transición hacia el nuevo Sistema Monetario Internacional, basado en el patrón oro.

El precio del oro deberá ser ajustado a $10.000/onza troy, aproximadamente, como lo pronostican Jim Rickards y otros expertos.

❖ **Escenario dos: El SMI se reforma basado en patrón oro-plata. El precio sube a US$5.000/onza troy.**

Probabilidad: 30 %.

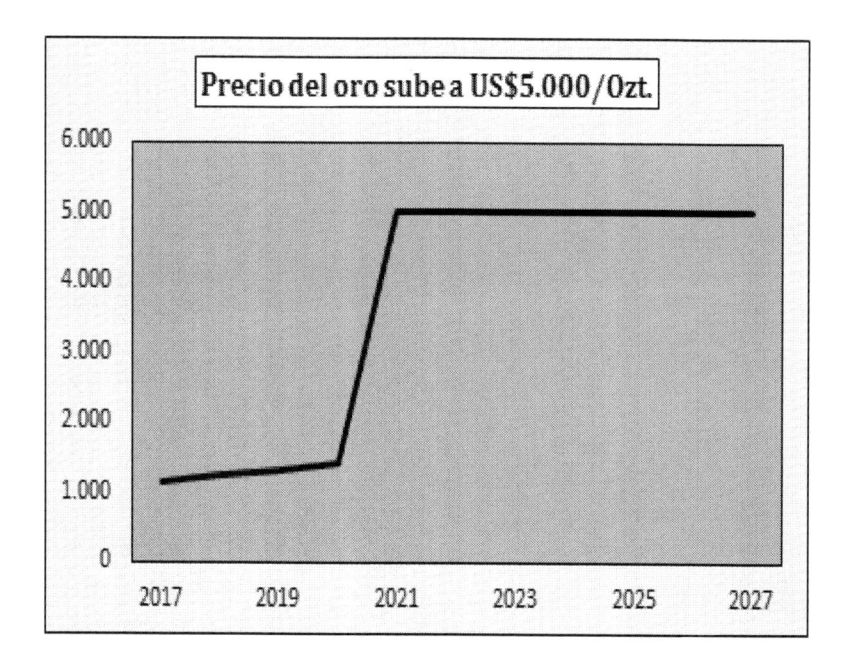

Premisa: En los próximos años el precio del oro crecerá a una tasa promedio anual de 7 %; la misma que tuvo durante los últimos 10 años. Hacia el año 2021 se consolidará oficialmente la transición hacia el nuevo Sistema Monetario Internacional, basado en un patrón compuesto por oro y plata.

El volumen requerido de oro hará que el precio sea ajustado a US$5.000/onza troy, como lo pronostican Peter Schiff y otros expertos.

❖ **Escenario 3: El SMI actual mantiene su estructura actual. El precio del oro se mantiene estable.**

Probabilidad: 40 %.

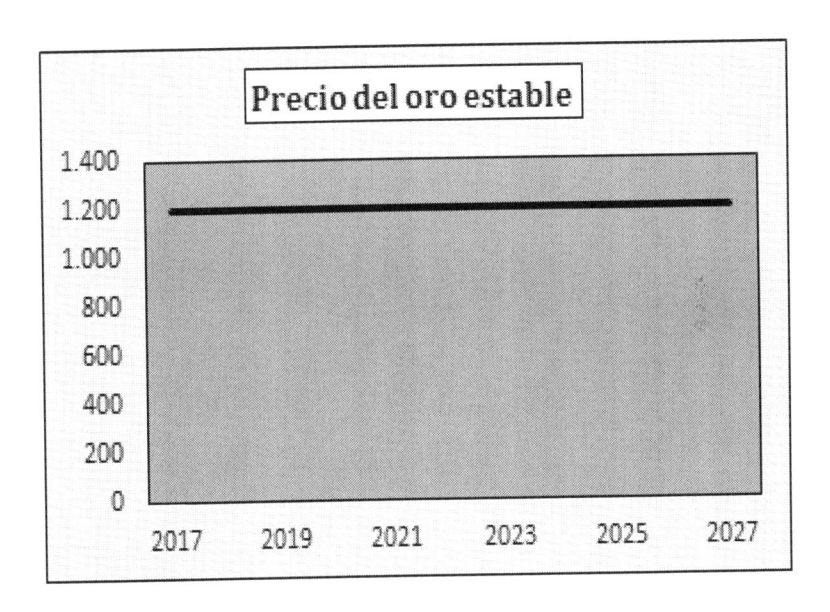

Precio del oro estable

Premisa: El Sistema Monetario Internacional actual sigue sosteniéndose sin necesidad de respaldo real.

La producción del metal continuará decreciendo y la demanda aumentando. Parte de las reservas que tienen los bancos centrales y algunos particulares serán usadas para responder a la demanda creciente de la joyería y las demás industrias.

La manipulación del mercado hará que el precio se mantenga relativamente estable, fluctuando alrededor de los $1.200/onza troy.

❖ **Escenario 4: *El oro pierde su atractivo como inversión y el precio se desploma***

Probabilidad: 10 %.

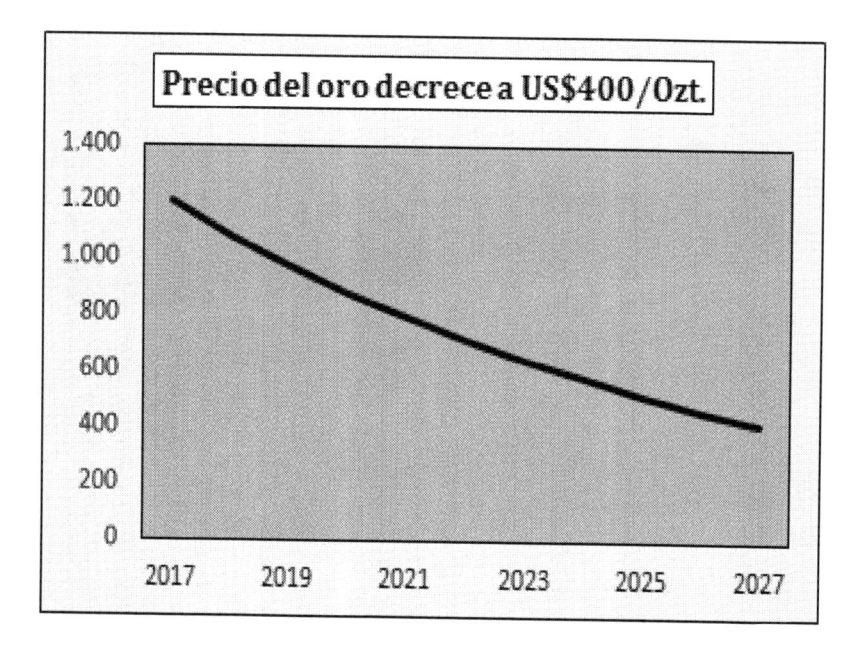

Precio del oro decrece a US$400/Ozt.

Premisa: El Sistema Monetario Internacional sigue funcionado muy bien sin necesidad de un respaldo físico. El preciado mineral deja de ser importante como inversión y los bancos centrales venden poco a poco sus reservas. El precio del oro, controlado por las autoridades financiaras, se desliza suavemente hasta los $400/onza troy en 10 años.

Algo similar ocurriría si, sorpresivamente, alguna compañía minera encontrase una veta extraordinaria que le permitiese inundar el mercado.

❖ Otros escenarios

Los escenarios posibles son incontables; puesto que el precio del oro depende de muchos factores. Sin embargo, dentro de los cuatro anteriores pueden estar los más probables.

De todas maneras invito a los interesados a hacer uso de sus propias investigaciones para desarrollar sus propios escenarios. Un escenario no es otra cosa que un pronóstico basado en supuestos o premisas que están en la mente de la persona que lo construye. Es importante que los potenciales inversionistas hagan el ejercicio, antes de arriesgar su dinero. Al final; solamente deberán confiar en sus propios análisis para tomar una decisión. Con la información de este libro más la que encuentren en otras fuentes, podrán realizar las proyecciones que, a su juicio, les parezcan más lógicas y apropiadas.

▪ Alternativas y escenarios

Analizando el posible comportamiento de las alternativas contempladas, en cada uno de los escenarios descritos, nos encontramos con los resultados probables, que pueden verse en el siguiente cuadro:

En cuánto se convertirían US$10.000 en 10 años	Alternativa A	Alternativa B
Escenario 1	130.000	270.000
Escenario 2	65.000	135.000
Escenario 3	12.000	31.000
Escenario 4	4.000	11.000

Alternativa A: Una inversión pasiva de US$10.000 podría convertirse en US$130.000, si el oro sube a US$10.000/onza (escenario 1), o podría caer a US$4.000 si el precio del oro se desploma a US$400/onza (escenario 4).

Alternativa B: Una inversión activa de US$10.000 podría convertirse en US$270.000, si el oro sube a US$10.000/onza (escenario 1), o podría terminar en US$11.000 si el precio del oro se desploma a US$400/onza (escenario 4).

Puede sorprender que el escenario 4, que anticipa una caída profunda del precio del oro, no muestre pérdida de capital en la alternativa C. Esto es debido a que la estructura con opciones permite generar altos dividendos que compensan el derrumbe del precio. Ahora bien, si el inversionista retira los dividendos periódicamente, el resultado final variará sustancialmente.

Riesgos comunes a las dos alternativas:

En las dos alternativas el riesgo comercial es relativamente bajo, por cuanto se opera con sólidos brókers afiliados al SIPC (*Securities Investor Protection Corporation*) y las transacciones se realizan con ETF conformados por un gran número de títulos. Esto garantiza que las probabilidades de perder la inversión por quiebra de las entidades sean muy bajas.

El riesgo de mercado es alto, por cuanto el precio del oro es muy volátil, y esto se reflejará en todos los portafolios relacionados con el mismo. Por esto es fundamental estar convencidos de que, en el largo plazo, el portafolio elegido subirá de precio. Ello permitirá aguantar las caídas temporales sin perder el sueño.

Las mayores pérdidas se producen cuando los inversionistas se asustan ante la fuerte fluctuación de los precios y salen del mercado en los momentos menos adecuados.

La apropiada asesoría ayudará a mitigar los efectos psicológicos de la fluctuación de los precios.

- **Cuándo entrar al mercado**

Sabemos reconocer cuándo hay verdaderas oportunidades y esta es una de ellas. Pero para aprovecharla es necesario anticiparse y estar ahí cuando los inversionistas institucionales, particularmente fondos de pensión y aseguradoras, que son los que hacen crecer los mercados, se vuelquen hacia el sector del oro. Y lo harán, en la medida en que los intereses negativos de sus inversiones actuales comiencen a golpearlos y se vean obligados a buscar alternativas de inversión más rentables.

El momento de entrar es ahora, cuando los precios aún se encuentran vacilantes. La mayoría de los inversionistas están nerviosos sin saber cómo actuar con respecto al oro. No saben hacia donde irán los precios. Nosotros, por el contrario, ya sabemos que estos no pueden ir sino hacia arriba.

El precio del oro es muy volátil, lo cual hace que la subida no sea en línea recta. En el ínterin tendremos que soportar fuertes fluctuaciones. ¡No hay problema! Los inversionistas que adopten nuestro método de inversión sabrán cómo paliar esos momentos y seguir ganando dinero, mientras se espera el despegue definitivo.

- **Servicio de asesoría "Llave en mano"**

A través de nuestra firma PMA Colombia ofrecemos un servicio de asesoría "Llave en mano". Nos hacemos cargo de todo el proceso de establecimiento de la inversión: apertura de cuenta de corretaje con un bróker de los Estados Unidos, entrenamiento y mentoría para realizar las transacciones, y acompañamiento hasta que el inversionista o grupo de inversionistas puedan operar independientemente.

Nuestro servicio comprende tres fases:

1. Educación
2. Entrenamiento y mentoría
3. Asesoría permanente

La fase de educación se inicia con una breve evaluación que nos permite determinar el nivel de conocimientos del inversor o el grupo de inversores. De acuerdo con los resultados, se establece un programa de educación teórica que capacita al, o a los participantes, para comprender todos los conceptos inherentes a la inversión y, de esta manera, avanzar a la segunda fase.

Durante la fase de entrenamiento y mentoría se comienzan a realizar transacciones reales en el mercado de valores, con el acompañamiento de un asesor. Esta etapa puede tomar un tiempo relativamente largo, dependiendo de los conocimientos y experiencia previos del inversor o administrador de la cuenta. El objetivo es que se llegue al punto en el cual se sientan confortables realizando las transacciones sin el acompañamiento del asesor.

Por último se pasa a la fase de asesoría permanente, durante la cual, el inversor opera por su cuenta, pero tiene siempre disponible el servicio de asesoría para monitorear las operaciones y atender posibles inquietudes que puedan surgir.

La inversión puede realizarse individualmente o mediante la creación de un "*pool*" de inversionistas que deseen invertir de manera conjunta.

La asesoría "llave en mano" funciona como una franquicia en donde el inversionista mantiene siempre el control de su empresa y toma sus propias decisiones, con la asistencia del asesor.

Empresas de Inversiones Financieras

Una alternativa interesante para inversionistas que deseen agruparse o formar un "*pool*" para invertir de manera conjunta es la de constituir una Empresa de Inversiones Financieras.

-¿Cómo se crea una Empresa de Inversores Financieros?

Una Empresa de Inversores Financieras es una figura societaria creada por un grupo de emprendedores que buscan un fin común. Es nada más y nada menos que una Sociedad de Responsabilidad Limitada, una Sociedad por Acciones Simplificadas (SAS) o cualquier otro tipo de entidad jurídica cuyo objetivo es el de invertir en productos financieros.

El proceso para iniciar una empresa de inversión es el mismo que el de crear una compañía industrial, comercial o de servicios. Lo único que varía es el objeto social. Por lo demás opera exactamente igual: los socios hacen un plan, redactan unos estatutos, firman un documento de constitución y acuerdan cómo distribuir las funciones de administración y operaciones del día a día.

La estrategia de crear un *"pool"* de inversionistas con los compañeros de trabajo es muy práctica, particularmente para ejecutivos de altos ingresos que generalmente tienen excedentes para invertir y no saben cómo hacerlo.

Nuestro sistema de inversión tiene tres importantes ventajas: la primera es que el tiempo requerido para administrarlo es muy reducido. Una vez que se adquiere la pericia necesaria, basta con un par de horas a la semana. De esta manera, el administrador no necesita dejar sus actividades usuales. La segunda es que puede comenzar a ver los beneficios desde la misma semana en que inicia la operación y la tercera es que en todo momento el dinero estará bajo su control.

Fondos mutuos de inversión

Los ahorristas cuyo capital es relativamente bajo y no cuentan con la capacidad para abrir una cuenta en el exterior o de formar empresas de inversión, también podrán beneficiarse de la oportunidad que ofrece el mercado del oro a través de diferentes modalidades de inversión común existentes.

Por ejemplo, un empleado que pertenezca a un Fondo Mutuo de Inversión de una empresa, a una cooperativa o a una entidad similar, y que esté interesado en invertir en el preciado metal, podrá hablar con los administradores de la misma y sugerirles que analicen la materia.

Por otra parte, estoy seguro de que no pasará mucho tiempo antes de que los administradores de los Fondos de Inversión Colectiva descubran esta oportunidad y comiencen a ofrecerla en el mercado. Es cuestión de tiempo.

- **La recomendación infalible**

Terminaré este libro insistiendo con la única recomendación **infalible** que puedo dar a mis apreciados lectores:

¡Nunca inviertan en productos o negocios que no conozcan detalladamente! Ni las cuentas de ahorro, ni los certificados de depósito, ni los fondos mutuos o fondos de inversión colectiva, ni los bonos, ni las acciones, ni las libranzas, ni los proyectos inmobiliarios, agrícolas o industriales, o de cualquier otra índole, son malas o buenas inversiones per se. La razón por la cual mucha gente pierde sus ahorros es porque se involucran en ellas sin la debida preparación, al menor tropezón no saben cómo reaccionar, y toman decisiones erradas.

Recuerden: la primera inversión que debe hacerse en un negocio es la de tiempo y esfuerzo para evaluarlo concienzudamente. Yo he hecho la tarea de investigar el mercado del oro a fondo, y esta me ha llevado a la conclusión de que las probabilidades de ganar mucho dinero son altas, pero eso soy yo. Usted deberá hacer su propia investigación y tomar una decisión de acuerdo con sus propias conclusiones.

GLOSARIO DE TÉRMINOS

Alivio cuantitativo: Más conocido como *Quantitative easing o QE*, es una herramienta que han estado utilizando los bancos centrales de los países desarrollados (FED, BCE, BoE y BoJ) para aumentar la oferta de dinero en un intento por reactivar la economía. En otras palabras es la emisión masiva de moneda fiduciaria (sin respaldo real).

Banco de Japón (BoJ): Banco Central de Japón.

Banco de Inglaterra (BoE): Banco Central de Inglaterra.

Banco Central: Institución cuyas principales funciones son las de emitir dinero y controlar las tasas de interés, con el objetivo de mantener la estabilidad económica de un país. Puede tomar diferentes denominaciones, tales como Reserva Federal (FED), en los Estados Unidos, o Banco de la República, en Colombia.

Banco Central Europeo (BCE): Banco central de los países de la Zona Euro que tienen al euro como moneda.

Banco Popular de China (PBOC): Banco Central de la República Popular de China.

BRICS: Acrónimo de un grupo que reúne las cinco economías emergentes más importantes del mundo: Brasil, Rusia, India, China y Suráfrica. El grupo se creó en 2001 con el objetivo de promover un cambio hacia un nuevo sistema económico global.

COMEX: El Commodity Exchange, Inc. (COMEX) es la bolsa de negociación de futuros de metales más importante del mundo, donde se transan futuros de oro, plata, cobre y aluminio, principalmente.

DEG (Derechos Especiales de Giro): Unidad monetaria virtual, creada por el FMI en 1969. Está compuesta por una cesta que contiene las cinco monedas de reserva: el dólar, el euro, el renminbi, el yen y la libra. El DEG es el principal candidato para reemplazar al dólar una vez se consolide el nuevo Sistema Monetario Internacional.

Dinero fiduciario: Llamado también dinero fiat, es el que se basa en la confianza que la gente tiene en el emisor. El dinero fiduciario no está respaldado por ningún activo real, como el oro, sino que deriva su valor de un acuerdo o una imposición, como en el caso actual. En general todas las monedas del mundo son dinero fiduciario.

Dólar: El libro se refiere únicamente al dólar de los Estados Unidos.

Euro: Moneda usada por los países de la Eurozona.

Eurozona: Es el grupo de países que han adoptado el euro como moneda oficial. Fue creada en 1999 e incluye 19 países. Es diferente de la Unión Europea (UE). Todos los países de la Eurozona forman parte de la Unión Europea.

FED: Sigla con la cual se conoce informalmente al Sistema de la Reserva Federal o Banco Central de los Estados Unidos.

Federal funds rate: Tasa de interés de fondos federales. Es el interés que pagan los bancos comerciales cuando solicitan préstamos por un día de la FED. Sirve de base para establecer el nivel de todas las demás tasas de interés en la economía de los Estados Unidos.

Índice de mercado: Un índice de mercado es un valor que muestra el comportamiento de un mercado o de un sector específico de este. Están conformados por las empresas más representativas del mercado o del sector. Los índices más populares son el NYSE y el Standard & Poors-500. Estos muestran el comportamiento de los precios de las empresas que cotizan en las bolsas de valores de Nueva York.

Libra Esterlina: Moneda de Inglaterra.

NIRP: Acrónimo acuñado recientemente en los mercados globales, que responde a la frase *"Negative Interest-Rate Policy"* (Política de Tasas de Interés Negativas). El mismo hace referencia a una nueva estrategia que están probando algunos estados en un intento por reactivar la economía.

NYSEArca: Bolsa de valores electrónica, o sistema automatizado, que conecta a compradores y vendedores de títulos valores para que puedan realizar transacciones rápida y fácilmente. NYSEArca es probablemente la bolsa electrónica más grande del mundo.

Países emergentes: Estados en vía de desarrollo. Es decir que aún no pueden considerarse desarrollados, pero van por buen camino de serlo en los próximos años. De Latinoamérica pertenecen a esa categoría Argentina, Brasil, Colombia, Chile, México y Perú.

Producto interno bruto (PIB): Medida que muestra el valor de la producción de bienes y servicios de un país o una región durante un año.

Renminbi (RMB): Significa "moneda del pueblo". Es el mismo yuan. La moneda china.

Reserva Federal (FED): Banco central de los Estados Unidos.

Reservas internacionales: Depósitos de valores que mantienen los países a través de sus bancos centrales, en monedas de reserva. Además pueden tener reservas en oro, DEG y otras monedas en las cuales el país confíe. La importancia de las reservas se basa en que con ellas demuestra su capacidad para hacer transacciones con otros países, y obtener créditos.

Securities and Exchange Commission (SEC): La Comisión de Valores y Bolsa de los Estados Unidos es la agencia que tiene la responsabilidad de regular toda la industria de valores del país. Es el equivalente de la superintendencia financiera de otros países.

Securities Investor Protection Corporation (SIPC): Es un seguro diseñado para proteger a los clientes de los brókers o corredores de bolsa contra las pérdidas en caso de fracaso financiero del miembro. Todos los corredores de bolsa serios de los EE.UU. están afiliados al SIPC.

Sistema Monetario Internacional (SMI): Conjunto de instituciones, normas y acuerdos que regulan la actividad comercial y financiera de carácter internacional entre los países. El SMI actual está en vigencia desde 1971, cuando el presidente

Nixon eliminó el patrón oro para respaldar al dólar y se inició el sistema de flotación de las monedas basado en un activo intangible: "la confianza".

Unión Europea (UE): Asociación económica y política fundada después de la Segunda Guerra Mundial. Está constituida por 28 países europeos (27, una vez se concrete la salida de Inglaterra). Es diferente de la Zona Euro o Eurozona, que fue creada en 1999 y que solo incluye 19 países.

World Gold Council (WGC): Consejo Mundial del Oro es una organización cuyo objetivo es desarrollar el mercado del oro en el mundo. Sus miembros forman parte de las principales compañías mineras de oro del mundo.

Yen: moneda de Japón.

Yuan (CNY): moneda de China, conocida también como renminbi.

Asesoría para invertir en oro:

<u>www.pmacolombia.com</u>

pma@pmacolombia.com

Made in the USA
Middletown, DE
19 August 2017